The Art
of
Expressing
the Human Body

肢体表达的艺术

李小龙健身法

后浪出版公司

［美］**李小龙**（Bruce Lee）　［美］约翰·里特（John Little）　编著

温戈　杨娟　译

科学技术文献出版社
SCIENTIFIC AND TECHNICAL DOCUMENTATION PRESS
·北京·

图书在版编目（CIP）数据

李小龙健身法：肢体表达的艺术 /（美）李小龙（Bruce Lee），（美）约翰·里特（John Little）编著；温戈，杨娟译 . — 北京：科学技术文献出版社，2019.1（2025.6 重印）
书名原文：The art of expressing the human body
ISBN 978-7-5189-5071-3

Ⅰ . ①李… Ⅱ . ①李… ②约… ③温… ④杨… Ⅲ . ①李小龙（Lee, Bruce 1940–1973）– 生平事迹②武术—运动训练—中国 Ⅳ . ① K837.125.78 ② G852.02

中国版本图书馆 CIP 数据核字 (2018) 第 290112 号

著作权合同登记号 图字：01–2018–7575
中文简体字版权专有权归银杏树下（北京）图书有限责任公司所有
THE ART OF EXPRESSING THE HUMAN BODY by BRUCE LEE
Copyright: © 1998 BY LINDA LEE CADWELL
This edition arranged with TUTTLE PUBLISHING / CHARLES E. TUTTLE CO.,
NC.
through BIG APPLE AGENCY, INC., LABUAN, MALAYSIA.
Simplified Chinese edition copyright:
2019 Ginkgo (Beijing) Book Co., Ltd.
All rights reserved.

李小龙健身法：肢体表达的艺术

责任编辑：巨娟梅　王梦莹	责任出版：张志平	筹划出版：银杏树下
出版统筹：吴兴元	营销推广：ONEBOOK	装帧制造：墨白空间

出　版　者	科学技术文献出版社
地　　　址	北京市复兴路15号　邮编 100038
编　务　部	（010）58882938，58882087（传真）
发　行　部	（010）58882868，58882870（传真）
邮　购　部	（010）58882873
销　售　部	（010）64010019
官 方 网 址	www.stdp.com.cn
发　行　者	科学技术文献出版社发行　全国各地新华书店经销
印　刷　者	嘉业印刷（天津）有限公司
版　　　次	2019 年 1 月第 1 版　2025 年 6 月第 5 次印刷
开　　　本	710×1000　1/16
字　　　数	325千
印　　　张	22
书　　　号	ISBN 978-7-5189-5071-3
定　　　价	60.00元

版权所有　违法必究

购买本图书，凡字迹不清、缺页、倒页、脱页者，请联系销售部调换

首先请检查身体

由于要进行各种艰苦的练习，所以训练之前必须注意一点：首先去看医生，确认自己没有任何健康问题（如心脏病或肺结核）。如果你不幸患有某种疾病，就必须停止训练，直到治愈之后方可开始。否则，这些训练就会给身体造成严重的伤害，甚至导致死亡。

致两位优秀的人——泰瑞·里特（Terry Little）与布鲁斯·卡德维尔（Bruce Cadwell），没有你们的耐心、宽容、理解、同情、支持与爱，就不可能有本书的诞生。

序言　机遇垂青有准备的人

琳达·李·卡德维尔（Linda Lee Cadwell）

有这么一天，李小龙遗落了自我的期盼；有这么一天，成就了李小龙新的生命辉煌——是的，首先请允许我来描述一下这特殊的一天吧。

地点就在加州奥克兰百老汇区由严镜海和李小龙共同创办的训练基地——振藩国术馆内，时间是 1964 年 12 月底或 1965 年 1 月初，我还清楚地记得，当时自己身怀国豪已经 8 个月了，我在现场见证了这一具有非凡意义的时刻，同样在场的还有严镜海和一些来自加州的、我不知道名字的武术家们，看上去都是很厉害的武林前辈。主角是李小龙和另一位华人武术家（看起来比那些前辈年轻一些），他是被推选出来作为三藩市（今：旧金山）武术家们的代表。

如果要从源头，或从中西文化碰撞的角度来讨论这次挑战的因由，那么仅仅就此的讨论就可以独立成文。在这样的背景下，毫无疑问的是，那个深受传统武术熏陶的华人武术家至少看起来对于李小龙向美国人，或者说向所有非华人弟子教授功夫的行为并不乐意。正是由于传统观念在他心中根深蒂固，他才向李小龙发出挑战并迫使小龙接受，而挑战的胜负结果将直接决定李小龙能否继续向"洋鬼子"教授功夫。李小龙推崇的则是孔子的教育理念，即"有教无类"，于是他欣然应战，并定下了比武的日期。

接下来这场比武，对李小龙整个生命所产生的影响，远比实际的胜负结果来得重要。但还是请让我首先简单讲述一下：比武开始之后不久，这个华人武术家就开始绕着场地满场跑，比如跑到旁边的小房间，再穿过另一个门回到比武场地。这样绕了几个圈，李小龙也紧追了几个圈之后，终于将他放倒、锁制在地面，使其毫无还手之力，然后用中文大声喊道："你服不服？"这样喝问两三次之后，那个华人武术家终于服输，那些三藩市的武术家们也迅速离开了。

整个比武很快就结束了，大概就是三分钟的时间，严镜海和我都欣喜若狂。但李小龙却没有很高兴。犹记得他坐在馆里的台阶上，双手抱住头，懊恼自己没有以更有效的技术速战速决，也懊恼自己在整个追打过程中体力消耗殆尽。事实上，那确实是李小龙第一次感到喘不过气，身体几乎虚脱。因此，他并不为自己取得比武胜利感到高兴，而是深深的失望，他认为自己的体能和功夫都远没有达到内心的期望值。于是，这次比武成为李小龙研创截拳道，以及不断创新科学训练手段的最直接的驱动力。

需要强调的是，在我及其他人看来，1965年早期时李小龙的形体看起来就已经很不错了。但是事实上，他并不是一个生来就有此等体质和天赋的人，在香港长大的他从小很瘦弱，他妈妈告诉我小时候的李小龙骨瘦如柴，白天去学校上课，晚上常常看电影到深夜，生活方式并不那么健康。不过，从13岁开始，他跟随叶问大师学习咏春，白天也练，晚上也练，很坚持也很刻苦，因此，当我1963年看到他的时候，他的体形就已经不错了。自从奥克兰的那次比武之后，对自我表现并不满意的李小龙认为是时候做更多的锻炼和提升了，旨在让自己变得更好，以时刻准备迎接并抓住任何实现自己梦想的机会。

李小龙并非只是简单地进行更多的跑步、多做几组重复练习，或者在进行重量练习时增加码数。他针对自己的问题，设计了科学的解决方案：

（1）设定自我健康和健身的崭新目标；

（2）探寻最好的锻炼方法，以实现自己想改变的愿望；

（3）结合科学原理，发展并创造科学的锻炼方法和辅助训练手段，同时记录自己的进步，适时改进这些方法和手段。

这一切，对于李小龙来说都不是巧合，也不是偶然，更不是天赋异禀，而归功于他所拥有的智慧和求知欲望（绝佳拍档，缺一不可）、努力和坚持（无论面对怎样的困难都坚韧不拔）以及专注（享受达到目的之前的过程）。

很多时候别人会问我，李小龙哪来那么多时间用于训练呢？答案很简单，关键就在于他对时间的分配。一天24小时中，总有几个小时被李小龙用来进行身心训练，以追求更好的自我，也可以充分调用自己的想象力。除了正常的训练之外，李小龙还常常会一心多用：如同时看书、弯举哑铃、拉伸腿部肌肉；或者跟孩子们玩一些体能游戏；又或者开车的时候做一些静力锻炼。有种小孩被叫作"多动儿"，我想即使长大后的李小龙，也是如此吧。

李小龙为了实现最佳体能所采取的方法，可以说都包含在这本《李小龙健身法》当中，书名亦贴切地展现了他对武术的阐释。李小龙的武道艺术——截拳道，是一个用来指导充分发展身体潜能的全方位的方法论，其中首要发展的便是身体素质的潜能。对于李小龙致力于追求武术艺术的评价，最合适的说法莫过于：其达到了人类实用美学的巅峰。

当你阅读此书时，请注意感受李小龙的思考过程，而不要局限在所使用的那些特定技术和日常训练内容上。应该更多关注于他的思考方式、钻研态度，以及运用科学的方法解决问题的探索精神，而不是机械地照搬李小龙在训练课程中的一字一句、一招一式。在过去几十年里，健美和健身行业蓬勃发展。聪明如你，一定可以从中发现很多有价值的信息。李小龙总是会潜心研究新的行业和领域，他同样也会鼓励你去这么做。没有最好，只有更好，追求巅峰且永不止步的李小龙，时刻享受着自己在达到体能极致状态过程中的每一步。换句话说，努力比目标本身更重要，李小龙正是为了与人分享肢体表达艺术的机遇而时刻准备着。记录他这些努力的，有他的经典功夫电影，也有他的武学训练笔记，所有这些他所遗留下来的东西，大多都包含在这本书中。

对我来说，李小龙激励了我一生，让我注重保持身体健康并充满活力。在我们曾经相互交织的生命中，他不仅是我的丈夫、我孩子的父亲，更是我的良师和益友。我现在还能在日常生活中感受到他给我的激励。现在，有了这本书，更多的读者便有机会来感受李小龙的哲艺和精神。

亚里士多德告诉我们，教学能力是判断知识深浅的唯一标准。读这本书，你会发现李小龙对于健身和训练有着很深刻的认知。不要拘泥于书中的细枝末节，而应该关注并努力了解书中的科学方法。李小龙通过这本书，教会我们挖掘最大潜能的科学方法。我们要感谢他，并遵循他的科学方法，为即将到来的机遇做好准备，因为机遇只会垂青有准备的人。

序言　努力追求生命中渴望的目标

周裕明（Allen Joe）

约翰·里特很早就计划将所有关于李小龙生活、武术、艺术以及哲学的第一手资料和内容集结成"李小龙图书馆"丛书系列，现在，他终于做到了！当约翰·里特邀请我为其中的这一本书作序时，我暗自思忖，应该从何说起呢？

对于这样一个我认识了30多年、每每想起便从内心深处涌上无数情感和温暖的人，要如何才能清晰讲述他呢？对于这样一个无论是在我还是我的妻子安妮（Annie）生命中都无比熟悉，甚至更像我们家人的男人，我要如何才能表述清楚呢？直到现在，我的钱包里还放着一张李小龙的照片，即使他逝世至今已经数十年，我依然保存着这张照片。今天，能有机会来说说我的挚友李小龙，哪怕仅是只言片语，我也深感荣幸。

就让我以自己经常被问到的一个问题来开始吧：第一次遇见李小龙是怎么个情形？那是1962年，在西雅图，我和全家正在参观当年的世界博览会。严镜海（James Lee）是我从小玩到大的朋友之一（当时他与李小龙也还没有任何交集），他从他弟弟那里听说有个叫李小龙的武术家，刚健勇猛，还擅长跳恰恰舞。严镜海让我参观后顺路去会会这个人，看看他究竟是何方神圣。当时的我，是第一次听说李小龙的名字，很是惊讶了一番。

有人告诉我，李小龙当时正在西雅图一家叫作露比·周（Ruby-Chow）的中式餐馆打工，于是我就找到这家餐馆，点了一杯苏格兰威士忌，等着他给我送来。过了一小会儿，我看到一个衣着得体的年轻男子——他看起来很自信的样子，甚至可以说非常自信。我想，这应该就是李小龙没错了。一番自我介绍之后，李小龙让我示范一些我在加州学的功夫。我做了几个三线拳（Three-line Fist）中的动作，李小龙称赞说："周先生，太精彩了！"然后他让我试着对他出拳，就在我的拳头将出未出的瞬间，他就已经抓住了我的手臂，并且把我重重地向前拉了过去（后来我知道他用的那个手法叫"擸手"），当时我感觉就好像被鞭子抽到了一般。毫无疑问，这就是我们美妙友情的开篇。

李小龙高超的功夫和技巧给我留下了相当深刻的印象，回家后，我就立刻将这些告诉了严镜海。随后，严镜海便邀请李小龙到奥克兰做客（当时我和严镜海都住在奥克兰）。我到现在还留有李小龙来到奥克兰第一次见到严镜海的照片。后来，李小龙又来到我家，当时，我们搬开了所有的桌子、椅子——不是要练功夫，而是要李小龙来表演恰恰！他在把握时间和节奏感方面颇为出色。这样来往过几次之后，李小龙于1964年直接搬到了奥克兰。受严镜海的邀请，李小龙就住在他家里，当时严镜海的妻子刚过世不久，李小龙的新婚妻子琳达就帮忙照顾严的两个小孩。

那时候，严镜海、我，还有一个奥克兰的弟子兼好友李鸿新（George Lee），正通过举重来锻炼力量和肌肉。在见到李小龙之前，我还参加过健美比赛，跟随埃德·雅力克（Ed Yarrick，著名健身教练）和其他在当时的健身健美界极负盛名的教练学习——如史蒂夫·里弗斯（Steve Reeves）、杰克·拉兰内（Jack Lalanne）、克兰西·罗斯（Clancy Ross）、杰克·德林格尔（Jack Delinger）、罗埃·希利根（Roy Hilligan）等。李小龙刚到奥克兰的时候，相对来说还比较瘦。当他看到我们——三个中国男子的身材之后，我相信应该就是那时候，李小龙的好胜心驱使着他开始健身锻炼。我教了李小龙一些起步阶段的举重练习方法，他马上不知疲倦地投入训练。结果，想必大家通过他的电影都已经看到了，毫无疑问，他是成功的！

李小龙和琳达的第一个孩子李国豪（Brandon Lee），就是在奥克兰出生的。就在琳达怀国豪的期间，发生了一件著名的争议，当时一位武术家看不惯李小龙在美国教授非中国的弟子，于是向他发出挑战，李小龙接受并赢得了挑战。尽管如此，李小龙却对挑战中自己的表现并不满意（这就是典型的李小龙精神，在已达到较高专业水准的状态下仍想追求进步）。在这之后，李小龙告诉我，这场挑战中他在打败对手上"花的时间太长了"。如果这算种下了一颗种子，那么成熟开花的时候，就是李小龙的武道艺术——截拳道！正是在这次挑战之后，李小龙开始注重从体能和精神上同时改进自己，并钻研了许多关于运动力学以及和格斗相关的科学知识，渴望找到一种更有效、科学的武术体系来征服对手。也是在这次挑战中，李小龙发现了自己体能上的弱点，亦由此开始努力进行体能强化训练。

不久之后，李小龙搬到了洛杉矶，但他仍然时不时地回奥克兰看我们，有时候，还会带着他洛杉矶的弟子黄锦铭（Ted Wong）或丹·伊鲁山度（Dan Inosanto）。而严镜海、李鸿新和我也会时不时地去洛杉矶回访，比如参加他或他夫人的生日宴会，我们自称为"四个火枪手"（李小龙、严镜海、李鸿新和我）的重聚。我还记得有一次，正好是李小龙在拍《青蜂侠》（The Green Hornet），我们不得不睡在李小龙养的那只大丹狗鲍勃的附近。还有一次，过去的时候恰逢李小龙和琳达的女儿李香凝（Shannon Lee）出生。那时候，李小龙正疯狂地进行负重练习，他的身形看上去令人惊叹。也正是在那次拜访中，李小龙把我拉到一边，对我说了他那著名的"明确目标"，之后，他还把这个人生目标写在纸上来激励自己。

（注：李小龙曾自信地在一张便笺上写道："我的明确目标是，成为拥有全美最高薪酬的超级东方巨星。从 1970 年开始，我将会赢得世界性声誉。到 1980 年，我将会拥有 1 000 万美元的财富，那时候我和家人将过上愉快、和谐、宁静、幸福的生活。"）

许多人都说李小龙是个领先于时代的人物。但是，他又始终能够掌握好这个领先的"度"，使得他并不会成为一个古怪的、不为人理解的人，或者与整个时代格格不入的人。在我看来，应该是说他将自我与周遭的大环境协调得如此完美，以至于看上去刚好领先于时代。他总是衣着得体，关心身边的人和事情。他还清楚地知道自己想要什么。他的专注和意志，使得他在那么短暂的生命中达到了一定高度。

我在奥克兰开了家小店，有一次，李小龙在我的店里待了整整 8 个小时，就为了给他的夫人琳达一个生日惊喜。在这期间，我记得他在随手拈来的一张肉类包装纸上，画了一些精彩的功夫草图。但最后，他把这些纸都扔了。现在的我，真后悔当初没有把它们从垃圾桶里捡回来。我想，那对于我来说，肯定是无价之宝。当然，有这种想法，并不是为了参加现在如火如荼的李小龙纪念品的展览或拍卖，而是为了纪念和铭记那天自己与李小龙一起共度的美好时光。

李小龙曾经告诉我，有朝一日，他会赢得世界性的声誉，他的名字将为千家万户所知晓，就像"可口可乐"一样，现在这成为了事实！当我周游全球的时候，无论是在北美，还是欧洲或者亚洲的任何一个地方，人们都知道李小龙。能够被全世界的人们认识，那该是多么大的成就和影响力！包括中国，我相信，如果在中国任何一个城市——比如上海，对当地人提到李小龙的名字，他们的眼睛也一定会为之一亮。

这时候，我才发现，要回忆起以前跟李小龙在一起的点点滴滴，是如此轻而易举的事情。这就是李小龙！令人无法忘怀，每次想到他，仿佛时间都会停住。他是如此的富于灵气并具有精神力量，每当我情绪低落时，他总有办法帮我重新点燃激情，让我感觉更好。他可能在上一秒还一本正经，下一秒就已经古灵精怪地开起玩笑来。每次到我家，他总要向我的妻子展示他那结实而平整的腹部，活像搓衣板一样。幽默和滑稽如他，每次不让我们笑到肠子打结绝不会离开。尽管我在这里跟大家分享的故事是如此有限，但我真心地希望你们能够从中感受到李小龙的魅力，以及我们对于成为他的朋友的那种荣幸和激动。

此外，我真诚地感谢约翰·里特先生，他完成了如此庞大的一项工作，即整理编辑了李小龙的这些武学图书。在这之中，他牺牲了很多，仅仅就是为了给我们展现真实的、多才多艺的李小龙——思想家、哲学家、武术家、艺术家，一个实现了自我的人！李小龙是多面的、多元的。是约翰·里特让我们有机会去亲近和了解其中的每一面。在很多方面，约翰自小就受到李小龙的影响，因此才有决心和毅力来从事这样一份浩瀚的工作，很多时候，约翰·里特的执着，总能让我想起李小龙。

同样，我还要感谢李小龙的夫人琳达。当李小龙和琳达刚结婚的时候，她还只是个二十岁出头、并不懂得下厨房的女孩。当他们刚来奥克兰的时候，还是我教了她一些李小龙喜欢的中国菜肴的烹饪方法。随着她的慢慢成长，她成了我见过的最伟大的女人。就连李小龙也认为，他的成功应该归功于琳达。正是得益于琳达的努力和坚持，才有了"振藩截拳道"——一个全部由执着于保留和永存李小龙哲艺的亲传弟子们所组成的机构。我相信，李小龙若能看到琳达的努力和奉献，一定会很欣慰。

李小龙去世的时候，他的女儿香凝只有几岁大。但是，随着与振藩截拳道组织越来越多的接触，每每听到李小龙的弟子、朋友们的回忆，她对自己的父亲也了解得越来越多。如果李小龙能够看到李香凝个人和事业上的成功，他一定会很感动，骄傲地将她拥入怀中，轻抚她的头并告诉她，她永远都是他的小宝贝。

最后，我希望每一位读者都能够通过阅读这本书，激励自己去努力追求生命中所渴望的那些目标。因为这本书中折射的就是这样一个突破生命中重重阻碍，最终凭借对自己的信心而获得成功的现实人物，因此，或许你也能够从中获得成功的灵感。即使是现在，我仍然能够感受到李小龙的存在，感受到他对我的激励。当我举重的时候（现在的我还坚持每周锻炼两三次），我总是告诉自己"再进一步"，然后为了自己多做一个，再为了李小龙多做一个。从来没有失败过！

前　言

　　自我觉醒是所有知识的终极目的。那些邀请我教他们的人，并不知道如何保护自己，或者说并不了解自己。他们更希望我教他们如何通过武术来达到自我表达的目的，带着急躁、决心或者其他的情绪。用一种积极入世的方式来说，他们希望我跟他们有偿分享的，正是肢体表达的艺术。

——李小龙

　　多年以来，关于李小龙这位伟大的武术家和哲人的肢体训练方法，引发了众人诸多遐想。之所以说是"遐想"，是因为其中大部分言论不是胡编滥造，就是道听途说的。原因在于，不少传言都来自个别人在李小龙去世后就某些问题问了他的几个弟子得出的答案。他们简单回忆了当年李小龙是如何通过训练来发展自己强健的体魄，以及如何发掘了自己体内的潜能并使之发挥到极致，等等。然后问者从这些片段回忆中，得出了一些似是而非的结论。

　　更多的问题还在于：（1）这些回忆答疑的弟子，事实上当初并没有充分关注李小龙的个人健身训练方法，而更多关注他的格斗原则和战术；（2）李小龙喜欢单独训练，因此并没有太多弟子有机会去了解他的训练流程和训练计划。

此外，更主要的问题还在于，李小龙总是持续不断地尝试新的训练器材和理论，因此，即使有哪位学生曾经亲眼见到李小龙的某一种训练方式，也最多就像是在一部动作电影成千上万的脚本中看到的某个小片段。从一个小片段中，我们又如何能够窥得整部电影的全部内容？同样的道理，几十年前关于李小龙训练的某一个模糊片段，又如何能够反映出其健身训练的整体观念。就像李小龙自己曾经说过的："脱离了整体的部分，是没有任何意义的。"

李小龙逝世后不久，我正好十三岁，对于年轻的心来说，那正是一个积极寻找偶像的时期。我始终记得初见李小龙形体时的震撼，也留下了极深的印象，与此同时，又感到异常沮丧，因为信息闭塞，我没办法知道他这体形是如何练成的。他的形体并非生来如此优美，体能也并非生来就如此出众，那么，他究竟是如何练就这些的呢？如果这一切仅仅只是武术练习的结果，那么所有练习武术的人，尤其是跟李小龙一样练习截拳道的人，都应该像他一样出色，但很显然，这并非事实。

从李小龙十几、二十岁的照片，我们可以看出他的形体还并不那么完美，很显然，遗传基因并未起很大作用，而是他后天自己努力的结果。那么，他究竟是如何努力的呢？仍然没有答案。我曾经尝试从武术类杂志和书籍中找寻答案，但他们所谈论的都是李小龙的"训练方法"，而对于李小龙究竟是如何塑造自己的形体，却没有丁点儿正面的阐述。事实上，就连那些已有的信息也是模糊的，后来我甚至还发现有些信息纯属误导。

那些声称了解，甚至说自己和李小龙一起训练过的人们的言论，有些还是互相矛盾的。如有人说李小龙每天跑5英里[①]，另一个人则说他每天很少跑到2英里以上。然后，还有言论说李小龙通过举重训练来塑造形体。数十年来，有一个颇为流行的说法，认为李小龙特别提倡进行高强度的重复训练（多至每组25次）。事实上，在我为编撰本书对李小龙的文章以及个人训练日记进行浏览的时候发现，这些言论都是毫无根据的。（如在李小龙的手写稿中，就说重复的次数应该中等，而且取决于个人的实际情况，

[①] 1英里=1.61公里。——编者注

一般每组重复6～12次。）

另外，也从来没有一个所谓的权威能够解释清楚李小龙究竟是如何练就那么出众的形体的。他们最多简单地讲那是李小龙"举重"和"跑步"的结果，显然也是很不恰当的。这样的解释（尽管有时是来自于权威），如何能够帮助到那些对李小龙的体能训练方法感兴趣的人呢？一旦我

们深入提问"怎样"和"什么"的时候，这样的回答基本上就形同虚设了。比如：李小龙是怎样举重的？他采取的具体训练方式是什么？他每次做多少组？每组重复多少次？他每周训练几天？更重要的是，李小龙有什么特殊的日常训练计划吗？

最终，我们找到了答案。在李小龙逝世25年之后，他的遗孀琳达·李·卡德维尔为我们打开了李小龙不为人知的世界的大门，将其个人笔记、文章、读书笔记、日记等一一公示出来，让我们这些深感兴趣的人得以切近了解李小龙重视和不重视的方方面面。同时，构成此书主要内容的李小龙亲笔手稿，让我们能够真正窥见，他用来修炼、塑造以及调整自己那令人难以置信的形体的确切的方法和手段。

有些人说，除非自己拥有同李小龙一样的身体特性或天赋，否则尝试他的训练方式和方法将毫无用处。我只想说，这个说法是非科学的，也直接违背李小龙的信念。因为，这与人类共有的人体生理机能相违背。让李小龙获得线条清晰、强健有力的形体的训练促进因素，同样也可以在每个人身上产生促进作用，因为其符合人类相同的生理和心理自然属性。

李小龙一直认为，任何正常人的身体结构和生理机能本质上都是相同的，这些也都体现在他的武道艺术及个人训练理念中。与此同时，每个人的形体和生理特征，在一定程度上又因人而异——从极小的差异到相对巨

大的差异。从中可知,一方面,人体训练的总的指导理论和原则是相同的;另一方面,由于每个人存在其相对独特的个性差异,在训练中,又需要适当地进行个性化的调整和安排。

当你阅读此书时,要做的就是在遵循本质的、共性的原则的基础上,将本书中的知识学以致用,就像李小龙曾经做的一样。但是,不要期望就在你看书的这短短几个小时中,达到李小龙所已有的程度,就像李小龙自己说的:"仅仅知道是不够的,我们必须去应用;仅仅希望是不够的,我们必须去做。"

能够浏览、整理和编辑有关李小龙武术和体能训练等各个方面的第一手资料,是我25年来的梦想,这让我最终能够回答那些我曾经以为没有答案的问题。同样将对我以及子孙后代产生重大影响的,还有李小龙在训练、生活、哲学以及武术等诸多方面一丝不苟的科学态度和精神。

《李小龙健身法》一书中所展示的,都来自李小龙正宗的训练理念。书中每一章节中展示的内容,既不是道听途说,也不是来自于那些健忘的合作者或者自诩为"专家"的人,而是来自于李小龙本人的手稿、读书笔记、信件、日记以及采访记录。只有当我发现无法在李小龙自己的叙述中找到答案的时候,才会寻求那些曾经跟他一起训练或者了解他的人的帮助。尽管如此,我寻求帮助的对象也一定是那些跟李小龙一起训练时间最长的人。同时,我还会根据已知的事实,对他们的回忆进行考证,有些得以证实,有些则难以证实。对于那些全体一致的回忆,我就会采用,而对于那些并无充分理据和说服力的回忆,则不予采纳。

本书主要阐述人体肌肉、力量以及其他方面的训练方法,以塑造

整体的健康体魄和健美形体。肌肉是身体运转的发动机，对于每个人（尤其是武术家）来说都是至关重要的，因此需要多多加以练习。但不要误会，我并不是说要每个人都要练到看起来像专业的健美运动员那样。

出于格斗的实用目的，强健的肌肉也是李小龙进行科学训练的结果之一，附带好处是它们看上去也确实令人印象深刻。相反，假如我们只是为了好看，而单纯强调肌肉块的发展，对于提高格斗技能和体能的作用其实并不大，当然，这不包括那些为了适当发展肌肉而进行的科学训练。因此，除非生活或事业需要你通过自己的努力去展示健美的形体，否则的话，我们应该把时间投资在让自己更为健康、整体、平衡的美上，而不是外在美。

《李小龙健身法》一书，还将教会你如何在一生中都保持良好的活力状态。如果你总是充满能量、自我感觉良好、身心保持平衡，那么你就会自然而然地拥有外在的魅力。同时，就我个人来说，我很高兴那些关于"李小龙是个天才，不需任何努力，即可获得那么出众的形体"等没有根据的说法终于可以平息了。事实上，李小龙身上的每一块肌肉，都需要进行长期且勤奋的锻炼才可能获得。希望大家明白，李小龙是在做了大量关于健身和体能训练方面的科学知识的学习、研究和应用之后，才获得了不断进步，也最终达到众所周知的那种境界和水准。

李小龙所付出的数千数万个小时的训练成果，告诉我们每一个人都有变得更好、更有能力的潜力。虽然李小龙已经逝世，但是，他的手稿、照片以及所有关于他的记忆，都在展示这个道理。或者，就像琳达·李·卡德维尔在李小龙墓碑上（形似翻开的书页）镶下的那句话一样：

你的精神将永远引领我们迈向自我的解放！

此书得以付梓，正是因为我深怀着对李小龙的伟大敬意，也是因为我感恩于李小龙为全世界健身领域所做出的巨大贡献。

关于"李小龙形体"的描述

许多人都见识过李小龙的超凡劲力,见识过他的柔韧性,也见识过矮小的他却拥有一身了不起的肌肉。我知道,许许多多的龙迷宁愿相信李小龙生而拥有特殊的能力,因为每当我告诉他们,李小龙的超凡形体是通过他的实践、毅力以及高强度的训练而达成的时候,他们都不相信!

——琳达·李·卡德维尔

李小龙的肌肉轮廓非常、非常、非常鲜明,几乎没有什么脂肪。我想,他可能是世界上脂肪含量最少的运动员。这使得他(在电影中)看起来非常令人信服。也有许多人,他们能够做所有的动作,也拥有所有的技能,但是他们看起来就没有李小龙那么有说服力,也不像他那样令人印象深刻。李小龙是独一无二的。他是许多人的偶像。这些人追随着龙的脚步,他们也渴望成为知名的武术家,渴望拍摄电影。因此,他们付出努力,日复一日,抓紧每分每秒进行训练。作为偶像,李小龙事实上已经给全球各地许多孩子以深深的激励。他在全世界范围内都拥有巨大的影响,我相信,他会一直活在人们的心中。

——阿诺德·施瓦辛格(Arnold Schwarzenegger)

当李小龙褪去身上的T恤,我再次被震撼了,一如我每次看到他强健形体时的感觉一样:他的肌肉令人着迷。

——查克·诺里斯(Chuck Norris,《内心的神秘力量》作者)

是他成就了他自己,是他雕塑了他自己。无论他在做什么,他身上的每一块肌肉都很匀称、协调,并且非常实用。还记得我最近一次见到他的时候，他的形体还是那么完美，皮肤像天鹅绒一般光滑，看上去有魅力极了。

——詹姆斯·柯本（James Coburn）

他虽不重，但足够发挥出惊人的力量。他很强大，所有的体重都来自于身上肌肉的重量。他的外形非常吸引人眼球，甚至扎眼。

——卡里姆·阿卜杜拉·贾巴尔（Kareem Abdul-Jabbar）

当他脱下外衣的时候——天哪！他看起来就像是查尔斯·阿特拉斯（Charles Atlas）！

——木村武之（Taky Kimura）

引 言

有一个关于李小龙形体和肌肉的故事相传了 30 多年。这个故事跟一个叫安·克洛斯（Ann Clouse）的女人有关，她是罗伯特·克洛斯（Robert Clouse），也就是李小龙为华纳兄弟拍摄的最后一部电影《龙争虎斗》（*Enter the Dragon*）的导演的妻子。有一天，克洛斯夫人来到电影拍摄现场，看到了当时衣服褪至腰间，身上汗涔涔的，正在香港炎热潮湿的空气中专心编排电影打斗镜头的李小龙。当她看到李小龙身上那令人难以置信的肌肉时，便着了魔。

在李小龙拍摄动作镜头的间隙，她鼓起勇气朝这位年轻的巨星迎了上去，询问是否可以"感受一下他的肱二头肌。""当然可以。"李小龙爽快地答应了，事实上，他已经遇到过不计其数这样的请求了。他用力收缩手臂，鼓励着她。"我的天哪！"她的手在触到李小龙肌肉时不可思议地缩了回来，"我摸到的好像是有温度的大理石！"

自从李小龙 1973 年 7 月逝世，几十年过去了，人们仍然在谈论着这位身高 5 英尺 7.5 英寸[①]（约 1.72 米），最重时也只有 135 磅[②]左右（约 61.3 公斤）的男人的形体，这简直不可思议。我说"不可思议"，是站在西方文化的角度来说的，因为在我们的观念中，良好的形体应该是像那些强壮的橄榄球球员一样，身高至少 6 英尺（约 1.83 米），体重将近 300 磅（约 136 公斤）。更不可思议的是，几乎每一个人都在挖掘自己跟李小龙的不同故事，无论是口头亲述，还是通过电影、文章或视频等媒介。武术家仍

---

① 1 英尺 ≈ 30.5 厘米，1 英寸 =2.54 厘米。——编者注
② 1 磅 ≈ 454 克。——编者注

然推崇李小龙的形体、灵敏、力量、速度,以及他在徒手格斗领域中的重要影响;影迷们则着迷于他那矫健的身手,赞扬他单枪匹马地在世界影坛开创了新的动作电影流派,为那些追随他的人,如席尔维斯特·史泰龙(Sylvester Stallones)、阿诺德·施瓦辛格等打开了一扇大门;而哲学家们则感慨他在消除东西方哲学思想的差异上所做出的努力,以及在融合这两种曾经被视为水火不相容的纯哲学理念上所取得的成就。

此外,还有另外一批人——健美运动员和健身爱好者们,也看到了李小龙不同的一面。同样,不可思议但稍微带点讽刺意味的是,李小龙从不认为自己是一位典型意义上的专业健美运动员,而他的健美形体却始终被那些不同国家和地区的健美运动员们所推崇,很长时间里都被认为是最令人眼前一亮的形体。同时,李小龙为了自己的形体塑造所付出的巨大努力也令人印象深刻,无论年轻还是年长的健美运动员,都对此表示格外尊敬。健身健美界的杰出人物也无一例外地表示,李小龙的体格对他们的职业生涯均产生了不小的影响,也都表达了感激和崇敬之情。其中有"绿巨人"卢·费雷格诺(Lou Ferrigno)、蕾秋·麦莉什(Rachel McLish)、弗莱克斯·惠勒(Flex Wheeler)、肖恩·雷(Shawn Ray)、兰达·穆雷(Lenda Murray)、多里安·耶茨(Dorian Yates)、李·哈尼(Lee Haney)等,几乎都是健身领域的佼佼者。施瓦辛格对李小龙的形体和肌肉的印象一直都非常深刻,他最近告诉我:"李

小龙的肌肉轮廓非常、非常、非常鲜明，几乎没有什么脂肪。我想，他可能是世界上脂肪含量最少的运动员。这让他（在电影中）看起来非常令人信服。也有许多人，他们能够做所有的动作，也拥有所有的技能，但看起来就没有李小龙那么有说服力，也不像李小龙那样令人印象深刻。李小龙是独一无二的。"着实是相当高的评价！

可能有些人会觉得这一切难以置信。毕竟如果按照欧美的标准，李小龙的形体并不能令人满意。但为何像施瓦辛格和费雷格诺这样的巨星，都要承认李小龙的形体给了他们很大的激励呢？答案就是一个词：质量。我们几乎从来没有见过一个拥有如此完美的肌肉线条、令人喜欢的外形和清晰分明的轮廓的男人，他令所有人自惭形秽。他的动作迅捷、令人眼花缭乱，而一旦安静下来，他又淡定如山，绅士般优雅。许多健美运动员和橄榄球选手在休息放松的时候，一点都不像比赛时那么神采飞扬。他们走动时，身上的大块头肌肉就好像溶化的一摊果冻，软弱无力且一点都不和谐。李小龙的形体则相反，他的肌肉时刻都是结实、紧凑、沉稳、精致和清晰的——无论是在移动时，还是静止时。

如果要探究李小龙的肌肉与那些健美运动员有所区别的内在原因，我想，就在于李小龙并非像那些健美运动员一样，仅为了炫耀或展示而练习肌肉。引用李小龙在美国西雅图的第一位弟子杰西·格洛弗（Jesse Glover）的一句话来说，就是"他首先关心的是实用与否"。李小龙所塑造的超凡形体，只是这个训练理念的副产品而已。腾空 8 英尺高飞踢击破灯泡——这在李小龙客串的电影《丑闻喋血》（Marlowe）和主演的电影《猛龙过江》（The Way of the Dragon）中都有表演，又或者从 3 英尺开外以迅雷不及掩耳之势出拳击中对手，这些都应该归功于力量和速度，而这才是李小龙长期勤奋努力锻炼身体所追求的结果。尽管他的体格看上去毫无疑问是优美的，但这并非他训练最着重的目标。

我想之前从来没有人，或许之后也不会有人，能够将个人外形上的影响发挥到如此的程度。李小龙拥有闪电般的反应速度、超强的柔韧性、令人畏惧的劲力、强壮的肌肉和优雅的动作，所有这些，都融合在他一个人身上。更重要的是，他的体格是匀称而标致的，也许不是每一个人都会羡慕参加世界先生比赛的那些选手们，但是几乎我所遇见的每一个人都很羡慕李小龙的形体，这其中既有参加世界先生比赛的选手，也有大街上的普通男女。

李小龙一生中，从未参加过任何健美比赛，却影响了那么多健美冠军得主，从这个事实，我们可以看出李小龙的成就是如何的突出。他向来无意变成大块头。黄锦铭——李小龙最亲密的朋友之一，也是最有奉献精神的弟子回忆道："李小龙训练的主要目的是为了发展力量和速度。"那些有幸见过李小龙的人，包括好莱坞的制片人和他的武术家朋友们，都说李小龙的肌肉具有相当大的劲力。当然，这也并不是说李小龙就压根对塑造形体没有任何兴趣。木村武之——可能是李小龙最亲密的朋友（他曾参加过李小龙 1964 年的婚礼）。说李小龙在振藩国术馆的时候，总是会脱下身上的衣服，然后进行训练，很多时候，这也是为了看看他旁边的人们有何反应。"他的背阔肌（上背部的肌肉）是我见过最完美的，"他说，"他还很会搞笑，有时候假装自己的大拇指是一个空气软管，然后把它放进自己的嘴巴里面，假装是被这个'软管'弄得背阔肌膨胀了起来。当他这样做的时候，仿佛是一条可怕的眼镜蛇。"

实用的健身和超凡的力量

丹·伊鲁山度是李小龙另一位亲密的朋友,在1967—1970年也被李小龙选为洛杉矶振藩国术馆武术课程的助教。他说李小龙最需要的,是能够转换为"劲力"的那种速度性力量。"有一次,我还记得我和李小龙在圣

莫尼卡的海岸边散步,不远处就是"地牢"(The Dungeon)①的原址,突然,从那个健身馆里走出这位块头结实、很强壮的健美冠军。于是,我对李小龙说:'喔,瞧那个人的手臂!'李小龙的回答到现在还使我记忆犹新。他说:'是的,他的确很壮硕,但是他的劲力又如何呢?他能够高效运用那么大块头的肌肉吗?'"劲力,在李小龙看来,就是个人能够结合现实世界的需要,通过训练将自己的力量快速而有效发挥出来的能力。

李小龙的力量,简直可以用出神入化来形容。他可以用大拇指做俯卧撑;他能够在体前用手臂撑起75磅重的杠铃,并且锁肘长达数秒;他著名的寸劲拳所发出的劲力,能够将体重超过他100磅的人,击出15英尺开外;他那在127~135磅徘徊的体重里,所蕴含的能量是惊人的,一个侧踢就能够将300磅的沙袋击得飞荡到天花板上。

李小龙进行重量训练主要关注的就是力量和其所产生的结果。慢慢地,李小龙开始将练习改进至某种接近于认知的极限——被健美领域的一些人称为"本能"训练。那些没有跟李小龙一起训练的人,如武术家/武术演

---

① 这个健身馆以前归"美国肌肉海滩健美大赛"冠军维克·塔尼(Vic Tanny)所有,他是外籍居民。——编者注

员查克·诺里斯,尽管本身已经够大牌,仍然将李小龙视为世界上最强大的人之一。

李小龙的健美之路

李小龙潜心研究人体生理学和人体运动学,这使得他能够快速地识别孰为有用的练习,孰为无用的练习,因而他的训练时间都是用在那些能够实际产生效果的练习上,从来不会浪费。李小龙认为运动科学专业的学生不应该局限于体格上的塑造,而应该注重发展强大的力量、速度、技巧、健康的体魄和优美的肌肉外观,从而真正与那些单纯强调体格完美的人区别开来。同时,他认为我们每天都应该抓住机会来改进自己的身心,不进则退,如果不能抓住进步的机会来不断挖掘我们的潜能并使之趋向最大化,而选择忽视这样的机会的话,便会停滞甚至倒退。

李小龙早就意识到,要充分挖掘自己的体能潜能,就要渐进式地进行练习,并且跟自己的惰性做斗争,不要放弃自我而选择背道而驰,窝在沙发里看电视,这样就相当于关上了潜能的阀门,身体也不断走向了萎靡。李小龙渴望不断从身心上全面了解自己。他渴望知道自己真正能力之所在,而不满足于已经达成的能力。在这样的思维指引下,他将自己的每一次训练课程都视为学习的机会,一个使自己可能提高到新层次的机会。也正因为如此,他能够很敏锐地察觉到哪些人开始惰性发作,怠于训练,而哪些人则是完全低估了自己的能力。

斯特林·斯里芬特（Stirling Silliphant，李小龙的学生之一）就跟我们分享过一个有趣的故事。在这个故事中，李小龙告诫斯特林不可低估自己的体能潜力，从而可以明显看出李小龙对于渐进式进行心血管练习的意识。

李小龙让我每天和他以较快的速度跑3英里。我们大概花21~22分钟跑完，每英里大约不到8分钟[①]。有天早上他对我说："今天我们跑个5英里吧。"我回答："朋友，我可跑不了5英里。我年纪比你大，而且跑5英里对于我来说实在太困难了，我绝对不行。"他说："我们已经能够完成3英里了，5英里也就是多了2英里而已，你可以做到的。"我让步了："那好吧，我试试。"当我们跑到3英里，朝4英里跑进并坚持了3~4分钟之后，我感觉还好。但很快我就开始想放弃了。实在太累了，而且心跳很剧烈，我觉得真的再跑不动了，于是对他说："朋友，如果……"——当然我们还在继续跑着步——"如果，我还继续跑的话，可要心脏病发作死掉了。"他说："那就死掉吧。"这句话简直让我抓狂，但我最后坚持跑完了5英里。训练完成后，我来到淋浴间跟他讨论刚才的问题。我对他说："你为什么要那么说？"他回答："因为每个人最终都会死的。你的问题是，你总是对自己明明能做的事情却人为设限，无论是体力上的，还是其他方面。这种弱点会影响到你生活的其他方面，包括你的工作、道德观，甚至会影响你整个人生。事实上，并没有任何限制。的确人生路上总会有一些停滞的时候，但是不能止步于此，而要不断努力去超越。如果因选择超越而面临死亡的话，那就让其杀了你吧。一个人应该时刻追求进步，不要故步自封。"

毫无疑问，"无限"正是李小龙的哲艺思想和截拳道的核心思想。在截拳道阴阳标志的四周环绕着一圈中文："以无法为有法，以无限为有限。"还有一次，李小龙在写给"跆拳道之父"李俊九（Jhoon Rhee）的信中说：

[①] 1968年，李小龙独自跑步的时候，每英里大概只需6分半钟。——编者注

"低估自己是一个人最易犯的错误。"这再次强调了他反对自我设限的思想,无论是在练习中,还是在生活的其他方面。

李小龙坚持不断地去提升和表达自己全部的身体潜力。通过研究,他发现一个人体生理学的事实——强壮的肌肉往往都是大块头的。这一发现引导他不断从肌肉练习中去收获健康。但是,要想单单通过正常和专门的训练方法来练成"铁金刚"或"铜墙铁壁"般的身材,还是需要很大努力的。

转折点

据李小龙的遗孀琳达·李·卡德维尔说,当他们夫妇住在加州奥克兰的时候,有一天,丈夫收到了一封华丽的、以粗体中文写的通牒信,信上说,要么他停止向非中国人教授功夫,要么就在特定的时间和地点跟他们最顶尖的高手一决高下。20世纪60年代初期的奥克兰,在唐人街向非中国人传授中国传统"秘籍",在当时的华人武术家群体中被视为大逆不道。

李小龙有许多美德,但他不会选择愚蠢地忍耐。因此李小龙选择了接受挑战,而不愿意屈从于狭隘的门派或种族意识的支配。他用自己的行为(扔了一只拳套到那个所谓挑战者的脚边)表明了应战的态度。于是,在约定的时间,一群华人武术家在他们公认的高手和推选的首领的带领下,来到了李小龙位于奥克兰的振藩国术馆。琳达当时正怀着他们的第一个孩子李国豪,已经8个月了。她和严镜海等人共同在场,见证了接下来发生的一切。

　　这次比武开始不久，李小龙就迫使这个初始还自以为是"高手"的人满场乱窜，几番追打之后，李小龙把他放倒、控制在地并最终令其俯首认输。这些华人武术家们最终遵照通牒中的承诺全部离开了。但李小龙却感觉非常沮丧，因为他发现自己在比武中耗费了大量体力。"他对自己所表现出的体能状况很意外，也很失望，"事后琳达回忆，"尽管整个比武只花了3分钟，但他认为时间还是太长了，原因就在于他的体能欠佳。当比武结束之后，他感觉自己都快上气不接下气了。"

　　这次比武令李小龙开始转换体能训练的思路，他发现单纯进行武术训练并不能保证他在高强度、高速度的格斗中的体能需求。他还发现，如果他渴望让自己的体能潜力得到更大限度的发挥，那么就需要花更多的精力和时间来提升自己肌肉的力量和心血管系统的功能。

　　当时，关于健康和力量训练的唯一资料来源就是那些肌肉健身类的杂志。李小龙订阅了当时他所知道的所有健身健美出版物。他认真研究出版物中的每一篇文章，并在自己的实验室——也就是他自己的身体，检验书中的言论和训练理论，他还频繁出入二手书市，专门购买那些关于健美和力量训练的书籍，甚至包括19世纪的相关书籍，比如他曾购买被称为"现代健美之父"的尤金·山道（Eugen Sandow）于1897年出版的《力量及如何获取力量》(*Strength and How to Obtain It*)。

　　李小龙对于这些知识的渴望非常强烈，不放过任何一个可能的信息来源，从最新的训练课程，到久远而经典的体能锻炼理论。一旦他付诸实践，这些知识便能为其带来力量、速度、劲力和耐力的增长。

　　李小龙关于上述所有健身健美和体能锻炼的知识的理解，都将在本书接下来的章节中有所阐述。值得一提的是，本书还会为大家揭示李小龙是如何通过训练，来发展自身每一块肌肉和每一组肌肉群的。另外，还有李小龙所发现的最为有效的训练系统及类型、与之相关的训练理论，以及他为自己的弟子们制定的训练课程等。此外本书还将提供两个附录给读者，是关于李小龙的统计数据和他的"肌肉训练器"。书中所有内容都来自李小

龙自己的手稿,而非那些关于李小龙传奇式的"神话"传说或对他的错误解读。最后,读者能够了解到强壮肌肉的塑造过程,其订立了健康体魄的标准,相信这些一定可以供大家思考并付以实践。

目 录

第一部分 力量训练计划
对力量的追求　3
静止练习：静力训练的 8 项基础练习　14
杠铃：健身新手的必经环节　20

第二部分 整体与循环训练计划
综合（整体）发展训练计划　31
20 分钟力量与形体塑造计划　38
整体健身的系列（循环）训练计划　44
增强肌肉的循环训练计划　55

第三部分 专项训练计划
《龙争虎斗》功夫专项训练　69
专项训练：腹部　77
专项训练：前臂　84
李小龙肩、颈训练的 7 种方法　96
李小龙胸部训练的 10 种方法　102
李小龙背部训练的 11 种方法　107

李小龙臂部训练的 11 种方法　116

李小龙腿部训练的 11 种方法　123

第四部分　其他训练计划与饮食营养

柔韧之道　135

现实生活的动力：心肺功能　152

发劲：重沙袋训练　165

武术的间歇式训练　175

李小龙的身体供能法（营养）　183

第五部分　日常训练摘录

普通一天：李小龙的训练方法是如何形成的　199

生命中的那些日子：李小龙个人训练日记摘录　218

李小龙个人日常训练纲要　248

李小龙为其弟子制定的训练日程　293

附录 A. 关于李小龙的统计数据　303

附录 B. 李小龙的"肌肉训练器"：马西牌循环训练器的回归　305

参考文献　313

出版后记　321

第一部分

力量训练计划

对力量的追求

力量与柔韧性的训练是必不可少的。想要突破技术就必须依赖于它们，否则技术本身毫无用处。

——李小龙

在李小龙最后一部电影《龙争虎斗》的后半部分，中国演员石坚扮演的大反派韩先生（电影里的声音其实是配音演员陆锡麟的）有一段非常精彩的台词。当时韩先生正在带领约翰·撒克逊（John Saxon）扮演的鲁帕参观他的私人武器博物馆，他一边走一边说：

你很难把这些野蛮的武器与其所归属的伟大文明联系在一起。斯巴达、罗马、中世纪的欧洲、日本武士……全都遵循一个理念：力量的荣誉。拥有力量才能拥有其他一切，没有力量就无法生存。有谁知道，多少令人惊叹的文明都因丧失力量而无法生存，最终从这个世界上消失无踪？

在李小龙的剧本手稿中还保留着后来被删掉的一段内容，韩先生继续边走边说：

如果没有强者的强制执行,人类文明的最高理想——公正——根本就不可能实现。事实上,文明不正是强者的荣耀吗?今天的年轻人不理解荣耀。生命中的意义——诸如壮丽、伟大,值得为之奋战的许多事物,对于年轻人来说似乎显得非常愚蠢。在他们看来,庄严伟大和自己毫无关系。年轻人已经不再梦想这些。

韩先生为恶人找到了完美的借口,巧妙解释了人类为什么有史以来总是热衷于追逐与获得力量。

对力量的追求决不会过时,即使在今天,人们仍然崇尚不同形式的力量:个性的力量、意志的力量、决心的力量、面对逆境的力量、耐心的力量、信仰的力量,当然还有身体的力量。所有的这一切,我们几乎都可以在李小龙身上见到和学到。本书则主要揭示李小龙在培养其超凡体能力量中所采用的方法。

当同时代的大多数人还简单地把训练等同于武术动作或者技巧练习时,李小龙的训练体系就已经包括了整体健身的全部内容。除了日常格斗技术练习之外，李小龙还通过其他训练来提高速度、耐力、力量、柔韧性、协调性、节奏、敏锐性和时机把握能力。他的弟子丹·伊鲁山度在其著作中列出了李小龙截拳道的习练者们所使用的至少41种各异的训练方法。

李小龙很早就明白，力量在全部训练内容中扮演着至关重要的角色。除了它的自身作用（让肌肉、肌腱、韧带更加强壮）之外，肌肉力量的增长还可以提高自身对技术的控制能力，提高速度与耐力，改善肌肉质量，提升身体机能。当然，李小龙并没有把力量当作开启成功之门的魔法钥匙。他清楚地知道力量的确切作用：它只是整体训练中的一个重要方面，必须被纳入整体的、系统的训练计划之内，与其他训练方法相结合，共同提高技术、速度、敏捷性等。

通过力量训练提高速度

李小龙特别注意到这样一个事实：力量训练（特别是负重训练）能够提高速度与耐力。当时流行的观点认为负重训练只有一个作用，就是让肌肉变得更加壮硕、块头更大。但李小龙在阅读一些训练生理学著作时，却偶尔发现了一本由春田学院（Springfield College）研究生教学主管H. H. 克拉克（H. H. Clarke）所著的《测量法在健康与体育中的应用》（*The Application of Measurement to Health and Physical Education*），该书中一条总结性的书评如是说："速度同样依赖于力量……一个人越强壮，他就跑得越快……而且，耐力也是以力量为基础的。"

这一说法并不仅仅是一个判断，而是建立在一系列科学实验之上的结论，其中包括卡尔波维奇（Karpovich，1951年任春田学院生理学系主任）、佩斯特雷科夫（Pestrecov）关于训练曲线的实验，还有另外一些证明"力量是提高耐力的先决条件"的实验。这一说法促使李小龙开始以极大的兴趣去研究力量训练。他关注了许多科学著作，最终确信：力量是所有体能活动的先决条件。这个观点也在他的武术运动中扮演着至关重要的角色。

力量训练的重要性

李小龙坚信：武术家除了关注技术和动作之外，更应该注意训练方法。这是建立在纯科学研究基础之上的。例如，他曾关注一项在游泳运动员训练中引入附加训练方法的研究。在20世纪50年代早期，美国游泳教练（尤其是耶鲁大学的教练们）发现游泳所需的肌肉并不能在实际游泳练习中得到充分的增强，是因为肌肉不能充分抵抗水流所施加的阻力。为了弥补其不足，他们引进了负重训练。这些明智的教练毫不理睬那些"运动员进行负重训练会导致肌肉僵硬"的反对理由，并很快发现负重训练根本不会对游泳运动员产生负面作用，反而大幅提高了运动员上肢与肩背的力量，能够让他们在训练中取得更大的进步。李小龙马上意识到，他在"陆地"上

通过踢腿和挥拳来练习武术，是在没有阻力的空气中进行的，这就类似游泳运动员在水中练习一样。李小龙在笔记中写道：这样的练习就像做体操，虽然有益，但作用有限，因为它无法让肌肉通过克服逐渐加强的阻力而变得更加强壮。李小龙的结论与耶鲁大学的游泳教练们是一致的：应该在他的日常练习中加入力量训练。

抗阻力训练的优势

李小龙认为，手握杠铃或哑铃做自然的负重身体运动，可以强化四肢的每一个部位和动作，而杠铃训练大多动作简单，几乎不需要什么特别的技巧或知识。在实践中，李小龙进一步发现，杠铃或哑铃训练可以完美地适用于一切肌肉群，并使之得到有效的提高。此外，抗阻力训练可以根据每个人的自身适应能力，通过增加重量、组数和次数来实现标准化，并不断循序渐进。另外一个吸引人的优点是，在最开始的基础阶段，李小龙的力量训练仅需要 15 ~ 30 分钟即可完成，一周只需练习 3 次（在静力训练计划中，一天只需 96 秒）。尽管时间很短，但这些练习使李小龙的速度、力量、肌肉和整体体能有了明显的提高，远远超出他在相同时间内采取其他任何方法所取得的效果。而且，李小龙发现力量训练可以持续终生，并让自己不断受益。

速度——力量训练中被忽视的因素

力量能通过反复训练来增强，李小龙认为速度也同样能通过量化训练来提高。他指出，在一切正规武术训练中，提高速度（出招速度与收招速度）的专项练习应该作为训练计划中的一个组成部分。李小龙发现，为了提高速度，有时候可以不增加训练重量和重复次数，而把全部注意力集中在如何缩短动作时间上，因此会仔细地安排训练时间，尽可能快速地完成每一个动作。同样也会安排好每组力量训练之间的恢复时间，在以提高耐力为目标的专门训练中，每组动作之间的恢复时间会更短一些。

在速度性力量训练中，你会发现自己无法达到平常训练中所能达到的负重极限，但你必须使用足够大的重量，以使自己在最后一组的几次重复动作中竭尽全力。你应该像李小龙一样，给自己设定一个目标，在达到这个目标以前，不要改变重量或次数。

展现你自己的特质潜能

必须指出，在衡量力量训练的效果和益处时，只有和自己进行比较才有实际意义。由于每个人的遗传特质（如骨骼长度、肌束密度、神经肌肉效能等）存在差异，所以一个人的训练效果可能是另外一个人无法达到的。在特定的训练时间段，经过一定组数、次数的训练，只要你有进步，就会发现自己的肌肉逐渐变得更加强壮。

一定要正确认识各项生理要素之间的关系，这非常重要，且有助于充分提高力量训练的效率。比方说，一些身体强壮的高尔夫球运动员会感到奇怪：为什么有时候力量较弱的运动员却能将球击得更远？这的确很难解释，因为节奏与协调性也是运动中的变量因素。这个例子很好地说明：力量虽然重要，但实际上与其他生理和心理因素相比，价值相对较少。注意我说的是"相对较少"。有些人认为在这类运动中力量毫无价值，这是不准确的。如果力量较弱的运动员在保持其技巧水平的同时，增加力量、速度、肌肉耐力，他们的表现一定会更好，因为其体能效率提高了。正如老话所说:"强者愈强。"简言之,即使肌肉与力量增强了,如果没有合理运用,其作用必然也是有限的。李小龙认为没有技巧的力量是不完整的,技巧是体能发展的本质要素。

超负荷力量训练的作用

只要没有生理缺陷或卧病在床,你的身体状态就不会没有变化。身体状态仅仅是日常生活中身体特定变化的反映。换言之,通过训练提高或保持的正是自己过去一直练习试图增强的能力。身体状态是可以变化的:肌肉可以通过力量训练来增强,心脏可以通过耐力训练而提高功能效率,关节活动范围可以通过柔韧性训练而得以扩大。如果你想提高任何一项(或整体)身体素质,就必须遵循超负荷训练原则,调整自己的日常训练习惯,增加适当的练习,制定好每一项训练计划。但超负荷训练应该循序渐进,以免对身体造成损伤。

超负荷训练没必要让肌肉过分酸痛和疲劳。当然,在训练的开始阶段,往往会感到肌肉酸痛与疲劳,这是很正常的。事实上,肌肉酸痛反映了训练的效果。举例而言,假如一个人在日常负重中所能举起的最大重量是60磅,如果他想增强肌肉力量,同时避免肌肉过度劳损,那么就应该从70～75磅开始训练,而不是100磅或120磅,尽管更多的重量会提高训练效率,但训练应该循序渐进。如果一个人竭尽全力最多能做10个俯卧撑,要想通过训练让自己能做更多的俯卧

撑，就需要从低于最高极限的水平开始训练，直到自己拥有了相当的能力。这样，在运用超负荷训练原则的时候就不会造成过度的伤痛压力。

关于超负荷训练，请记住，肌肉的力量取决于你在日常运动中的使用程度。如果你日常运动中肌肉所承受的负荷最大不超过 60 磅，也没有进行额外的训练，那么你的肌肉力量也不会高于 60 磅。肌肉的力量与个人的特定情况需要相互适应。要想获得更大的力量，就必须让肌肉在更大重量的负荷下进行收缩训练，直到肌肉适应了这一负荷。因此，训练的本质就是负荷与适应。

力量训练是什么？

力量训练究竟是什么？它仅仅意味着不断征服更大的重量、看看能把多重的东西举过头顶？不全是，负重训练只是力量训练的一个方面，力量训练应包括以下 4 个方面的主要内容：

1. 举重

举重，顾名思义，就是训练者按照特定的技术动作要求，尽自己最大的力量举起重物。

2. 健美

在健美运动中，往往采取较小的重量来进行多种练习，通过多组次的重复动作来改善自己的形体。主要目标一般是增长肌肉、改进身体不足、均衡协调地让身体获得整体发展。

3. 负重训练

负重训练是采用较轻的重量进行训练，通过多种练习、多组次的重复动作，达到更明确且特定的目标，如提高身体状态、增进健康或提高运动能力（例如武术中的运动能力）。

4. 静力训练

静力训练是一种不需要任何重量的训练。静力训练要求你在进行静止固定的抗阻力（如对固定在卧推深蹲架上适当位置的杠铃）练习时，肌肉保持最大限度的收缩。

训练记录

不管你选择哪一种力量训练方法并将之纳入到自己的整体训练计划中，如果你的目标是增强力量，就必须将各种方法有机、系统地整合起来。制作一个日程表和进度表，确保自己的练习能够持续不断地渐增强度。就像你应该拥有武术训练笔记来记录日常思考与发现一样，你同样需要记录自己在力量训练中的进展情况。你会发现，通过记录看到自己所负荷的重量在不断增加，会感到鼓舞振奋（特别是在力量训练与健身运动中）。一个比较简便的方法是使用健身馆中常用的记录卡，就像李小龙在香港所用过的（参见第48页）。你会发现它非常有用，能够帮助你迅速参考并决定自己在每一次训练中所做练习的确切数量。李小龙通过日记和笔记本来记录自己的训练过程和进展情况。

力量训练研究成果的应用

通过对力量训练的研究，李小龙发现：每周两次的次重量（最大重量的2/3）训练，加上每周一次的最大重量训练，其效果与每周三次的最大重量训练是相同的。

负重训练与静力训练的区别

李小龙将负重训练与静力训练都纳入自己的整体训练计划中，但他并不认为这两种力量训练方法的原则、作用、效果是相同的。尽管两种训练方法都能够增强力量，但它们的目标和效果是有区别的。静力训练在迅速提高肌肉强度与力量的同时，对增长肌肉耐力方面的作用并不显著。因此静力训练并不是一个完整独立的练习内容，必须与有氧运动、柔韧性训练相结合。而负重训练可以增大肌肉块，对于初学者而言，这可能是其追求的目标，也可能不全是。因为训练动作会让肌肉一次又一次（不断重复）进行大幅度运动，这会使你在增加力量的同时，提高柔韧性、肌肉质量和耐力。

在传统方式——没有抗阻力的静力训练中，如果不使用特定的工具就无法对训练参数进行测量。而负重训练可以根据你每一次举起的确切重量以及重复的次数来进行测量。最近，随着体能要素训练法（Power Factor Training）的出现，负重训练可以根据你在指定时间内完成练习的数量来进行测量效果。

不同重量与次数的组合方式会产生不同的效果。我们可以从以下三组训练计划中清楚地看到这一区别：（1）大重量、少次数的组合，其效果与静力训练大致相当：因为其运动量小，但是收缩强度很大，其重点在于增长力量，而非耐力。（2）中等重量与中等次数的组合，既可增强力量，也培养耐力。（3）轻重量与多次数

的组合，几乎接近于体操训练：可以极大地提高耐力，但力量的增长很少。换言之，重量训练可以从一个极端——强调力量增长（静力训练），调整到另一个极端——强调肌肉质量与耐力（体操训练）。它的公式很简单：更多的重量加更少的次数等于力量，更少的重量加更多的次数等于质量与耐力。

ISOMETRICS 静力训练	WEIGHT TRAINING 负重训练
最快地提高力量增长速度	增长力量
可以每天练习，一周7天	只能每隔一天练习
几乎或根本不需要器械，器械相对而言并不重要	完整的训练需要使用器械和专用的场地
需要很少的时间，各组练习之间的休息时间也很短	相当耗费时间，各组练习之间需要有适度的休息时间
可以在房间或办公室里进行不引人注目的练习，不必换下所穿衣物	必须去有重量器械的场所，需要换上旧衣服，因为训练会大量排汗
对肌肉的增长作用有限	可以明显使肌肉围度增长
必须以一个固定动作训练肌肉	需要一系列复杂动作来训练肌肉
无法构成完整的训练，必须与柔韧性训练相结合	能够形成一套完整的训练程序（如果你采用轻重量、多次数的训练方式）
必须通过定期的举重或使用特定工具才能对力量的增长进行测量	可以在训练过程中，通过一磅又一磅的重量增加，来测量力量的增长

静止练习：静力训练的8项基础练习

正如前文所述，为了学习一切可能增强肌肉、提高力量的方法，李小龙在20世纪60年代中期到70年代初期从杂志摊购买并阅读了大量健美方面的杂志。他进行透彻的研究，通过杂志上发布的各种文章，甚至广告及销售宣传来寻找自己感兴趣的主题，掌握那些实用的内容以达到自己的训练目标，如增长肌肉、强壮前臂、让肌肉轮廓更加清晰等。找到这类文章后，他会把文章剪下来，保存在相应的文件夹中。在研究如何提高力量时，李小龙最为关注的首要训练理论就是当时具有革命性的静力收缩训练法。

李小龙是静力训练理论的坚定实践者，从20世纪60年代中期至末期，他在训练中大量采用了这一方法。静力训练法在当时得到了广泛的宣传，特别是在宾夕法尼亚州约克郡出版的一些举重与健身方面的期刊中，每个月都会报道一些举重运动员在训练中采用静力方法后取得的令人瞩目的效果。

这些杂志未曾提及的是，这些运动员中的绝大部分在训练之外还服用合成代谢类固醇药物。当这一事实被曝光后，大多数人转而认为静力训练与合成睾丸激素药物相结合才会有效，于是很多人放弃了静力训练法。这就像把孩子连同洗澡水一起倒掉，其实，静力训练在增强力量方面所发挥的作用是确切无疑的。

大多数人排斥静力训练，但是鲍伯·霍夫曼（Bob Hoffman）的成功却影响了李小龙的看法，促使他在整体健身训练计划中采用了静力训练法。霍夫曼在1932—1954年担任举重锦标赛的教练，通过传授静力训练法获得了可观的收入。不过，他在力量训练方面确实富有经验。1948—1952年，他被任命为美国奥运举重队教练，所指导的这两项重大赛事的运动员在非正式比赛中也取得了胜绩。

霍夫曼的观点很简单：力量对于任何一种运动形式或体能训练而言都是最重要的特质。耐力（长时间保持力量的能力）、协调性、控制力、平衡、对空间与距离的判断等，都建立在力量训练的基础之上，是所有参赛选手的必经之路。他指出，一个人的力量越大，并且在特定运动训练中精确控制力量的能力越强，就越有可能胜过其他对手。

为此，霍夫曼设计了一套"8项基础练习"，用在一种叫作"深蹲架"的特定器械上进行静力训练。很多人会怀疑：简单的、静止不动的练习方法怎么可能带来与有动作的练习方法相同甚至更好的效果？让我们来看一看李小龙在杠铃训练中组合采用的弯举动作和推举动作，它们都是举起重量的练习动作。做弯举时，把杠铃从腿部位置举至下颚的高度仅仅需要1~2秒。弯举过程中最困难的部分并不是开始或结束时，而是在弯举动作的中间阶段，在此阶段，身体的杠杆作用需要你付出最大的努力，但肌肉在此位置上停留的时间不过几分之一秒。然而在静力收缩练习中，肌肉需要在此位置竭尽全力保持停滞12秒，所以理论上这种训练的效果要超过

常规训练同一动作重复12次以上所增加的力量。

霍夫曼建议练习者一定要持续不断、全力以赴地把力量运用到使杠铃静止的中间过程中。因为在静力训练中没有任何动作，也没有可以直接观察到的效果，所以一定要注意，千万不要放松自己。李小龙认为在任何时候都必须投入100%的努力，因此在进行每一次训练时都全力投入，以达到最佳效果。

在常规的静力训练中有三个基本的位置：起始位置上方约 1 ~ 3 英寸、结束位置下方约 1 ~ 3 英寸及中间位置。在一个完整的杠铃动作中，只有到达最困难的位置时才会产生有效的重量抗力。而静力训练要求在最困难的位置保持静止 9 ~ 12 秒，这就是静力训练能够快速提高力量增长速度的主要原因，也是李小龙高度重视静力训练的原因之一。

除了使用深蹲架之外，李小龙还喜欢采用一种便携式的静力训练器械，这是他的弟子李鸿新专门为他制作的。这种器械可以让他对固定目标进行推、拉、压、弯曲等练习。上图显示了李小龙正在调整该器械的横杠位置，横杠系在一条铁链上，铁链的另一头连着一块木板，李小龙站在木板之上以使其固定不动。

静力训练的一些要点

1. 不要做得太多！每次重复做 8 种不同的动作就足够了。
2. 每次练习要投入 100% 的努力，保持 6 ~ 12 秒。

3. 你要在 15 ~ 20 分钟内完成静力训练。切记在练习的间歇不要休息太长时间。

4. 始终精确地记录你的训练情况，绘制进展图表。

静力训练的 8 项基本训练

1. 锁定位置上举

将横杠放置在深蹲架上，比锁定位置略低大约 3 英寸，双臂伸直举至头部上方。双手分开与肩同宽，抓紧横杠，直视前方，绷紧腿部、臀部、背部的肌肉，尽全力上举横杠，坚持 6 ~ 12 秒。

2. 起始位置上举

将横杠固定在下颚高度，像练习 1 那样抓紧横杠，再次绷紧腿部、臀部、背部肌肉，直视前方，尽全力上举横杠，坚持 6 ~ 12 秒。

3. 足尖上举

当你挺直背部站在深蹲架前方时，将横杠固定在肩上颈后位置。膝与髋保持紧绷，背部挺直，头部微向后仰。将手放在横杠上较为舒适的位置。足尖用力抬起双脚，同时将横杠上举，坚持 6 ~ 12 秒。

4. 上拉

将横杠固定在略低于腰部 6 ~ 7 英寸的位置。像练习 1 与练习 2 那样握杠。足尖微用力抬起双脚，直视前方，弯曲手臂，尽全力向上抬起横杠，坚持 6 ~ 12 秒。

5. 深蹲（马步）上举

深蹲，大腿与地面保持平行，将横杠固定在深蹲架上，其高度正好在位于颈后肩上的位置。双手以舒适的位置握杠，以腿部力量尽全力上举，坚持6~12秒。

6. 耸肩

将横杠固定在深蹲架上，其高度正好在你双臂完全向下伸直后手部所在的位置。抓紧横杠，双手距离与肩同宽。向上尽全力耸肩，坚持6~12秒。手臂与腿部始终保持伸直。

7. 硬拉

将横杠固定在深蹲架上，其高度在你握杠时比膝部略低2英寸的位置。双手距离与肩同宽，头部抬起、髋部下沉、背部挺直，用腿部力量尽全力上提横杠，坚持6~12秒。

8. 半蹲上举

将横杠固定在深蹲架上，其高度在你直立时比颈部略低4英寸的位置，将横杠置于颈后肩上。双手以舒适的位置握杠，收缩大腿肌肉，尽全力上举横杠，坚持6~12秒。保持头部抬起，背部挺直，脚跟着地。

蛙式举腿

李小龙喜欢在完成一套静力训练之后进行一种叫作"蛙式举腿"的练习。这种练习可用来伸展背部下方的肌肉，活动腹部与髋部屈肌，它已被证明是一种有效的放松运动。在半蹲上举练习结束之后，李小龙立刻将横杠固定在深蹲架的最高位置，双手握杠、身体悬垂，双膝向上提至胸部，重复10~20次，作为整套静力训练的结束动作。

李小龙将上述静力训练步骤纳入自己的训练计划之中，每天练习一次。他认为，如果训练得过多，反而会减缓甚至停止进步。经过1~2周的训练，你一定能够体会到这套训练的效果。所以，如果在开始的几天并没有感到进步，也千万不要放弃。在 1～2 个月之内，你会看到明确且较大程度的进步。

李小龙还对静力训练进行了一些修改，用来提高黐手（黏手）技术。他将横杠固定在比自己胸部略低的位置，后退两步，用前臂尽全力向上举杠，最大限度地收缩肌肉，一直坚持 12 秒。

这一练习让他通过前臂"流动自己的能量"，极大地提高了前臂的力量与灵敏度。

再次强调：李小龙采用了多种多样的力量训练方法与器械，包括拉力器、压力器、弹力器械等，他坚信增强力量的方式不止一种。正如与"学习"及"自我认识"一样，力量训练也是个人成长的过程，只有付出时间与努力才能收获硕果。

杠铃：健身新手的必经环节

在奥克兰同中国武师的那次比武后不久，李小龙深受触动，开始学习增强力量的其他方法——不仅是耐力，而是全面整体的肌肉力量。为此，他向自己最信任的两个人，即严镜海与周裕明寻求建议，他们不只是李小龙的弟子，更是他的朋友。

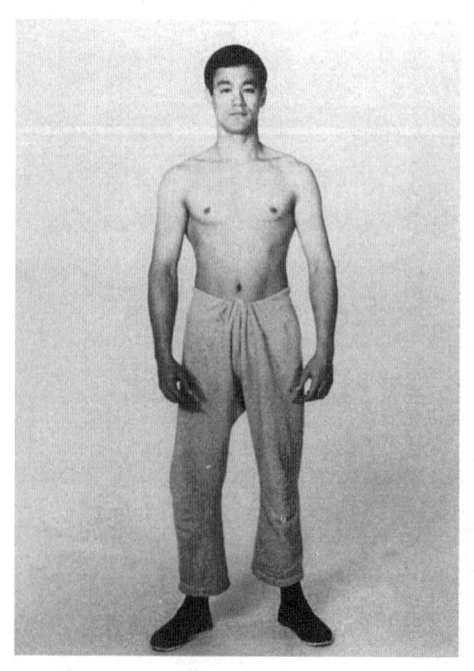
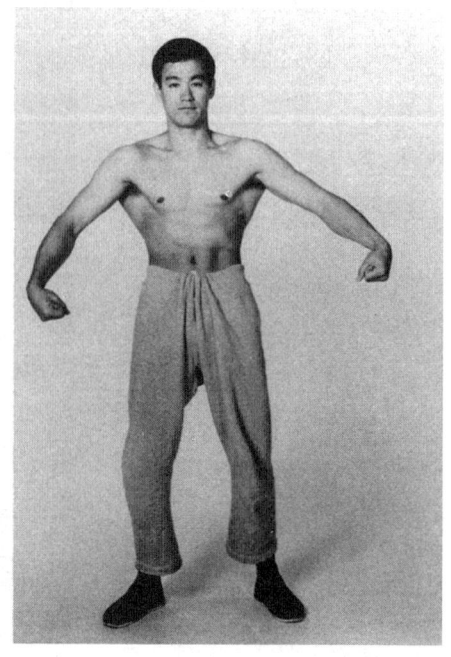

严镜海与周裕明都是经验丰富的健身专家,多年致力于锻造自己的"钢筋铁骨",并最终练就了令人赞叹的健美体格。周裕明曾经荣获多项健美冠军,并与健美界传奇人物史蒂夫·里弗斯一起,在著名健身教练埃德·雅力克的督促下共同训练。

据周裕明回忆:"严镜海和我向李小龙介绍了一些基础的负重训练方法。我们曾进行了一些基础训练,如深蹲、屈臂提拉、弯举等,每次做3组。我们只是帮助李小龙开始踏上肌肉训练之旅,没有什么特别的内容,教给他的都是基础训练内容。"经过这些基础训练,李小龙的身体迅速变得更加强壮,上身肌肉似乎要撑破他的T袖衫。一旦体验到新的训练方法的效果,"钢筋铁骨"训练就成为李小龙生命中的一部分了。目前仅存的李小龙当时的负重训练记录是他1965年返港期间在克强健力学院(Hak Keung Gymnasium)所填写的一张卡片。

除了和朋友们探讨之外,李小龙还如饥似渴地阅读相关资料,不断地验证他所读到的理论,制定明确的健身训练计划。李小龙开始了解关于健身训练的一些基础原则,下面是他草草记下的一部分笔记:

（负重训练）给予肌肉强大的刺激，使得肌肉的围度与力量都得到增强。因此负重训练常被用于健身训练。

由于负重训练需要不断重复，需要消耗大量的体能。因此，负重训练应该每隔一天进行一次。

不过，李小龙在进行负重训练时又是非常谨慎的。他不希望仅仅增大肌肉的块头，却无益于提高肌肉在武术中的作用。所以，他也会提醒自己采用其他体能训练方式来使自己的健身训练达到均衡的效果，如：

通过负重训练来增强肌肉的运动员，应该同时进行充分的速度训练和柔韧性练习。

我的肌肉主要是通过武术训练来增强的，这与纯粹追求大块头的健美肌肉训练不同。

李小龙制定了一个简单的、每周3天的健身训练计划，专门针对武术中常用的肌肉群：腿部肌群、肱三头肌、肱二头肌、前臂肌群等。令李小龙感到兴奋的是，他的计划取得了令人难以置信的效果。效果究竟有多好？在44天之内（从1965年5月27日到1965年7月10日），一共经过了14次训练之后，李小龙的进步记录如下：

1. 胸围在放松时增长了 2.5 英寸
2. 颈围增长了 0.25 英寸
3. 左右臂肱二头肌围度（上臂围）都增长了 0.75 英寸
4. 左前臂围增长了 0.75 英寸

5. 右前臂围增长了 0.5 英寸

6. 左右腕围都增长了 0.5 英寸

7. 左大腿围增长了 1.5 英寸

8. 右大腿围增长了 1.25 英寸

9. 左小腿围增长了 0.625 英寸

10. 右小腿围增长了 0.5 英寸

11. 腰围减少了 0.5 英寸

不论初学者还是有丰富训练经验的健身者，能够取得这样的进步足以令人惊叹。没有任何运动基础的初学者采用李小龙的训练计划自然会得到显著的效果（进步的程度取决于个人的先天体质特征），如果锻炼的肌肉是从"零"开始，那么达到训练计划所要求的目标后，他（或她）的身体将实现生理上的"飞跃"。然而，如果考虑到李小龙在采用这种训练时已经是一名训练有素的武术家，习惯于艰苦而科学的训练，而这些进步又是在不到两个月的训练中取得的，你就会明白这种训练是多么卓有成效！下面就为大家介绍李小龙为达到这一非凡成绩所制定的详细计划。

训练计划（重点针对肱三头肌、肱二头肌和前臂肌群）

每一种练习都会在后面各章中进行详细的介绍，这里先对特定动作进行简要介绍。

1. 深蹲：3 组，每组 10 次（杠铃重量：95 磅）

深蹲可以锻炼股四头肌（大腿前

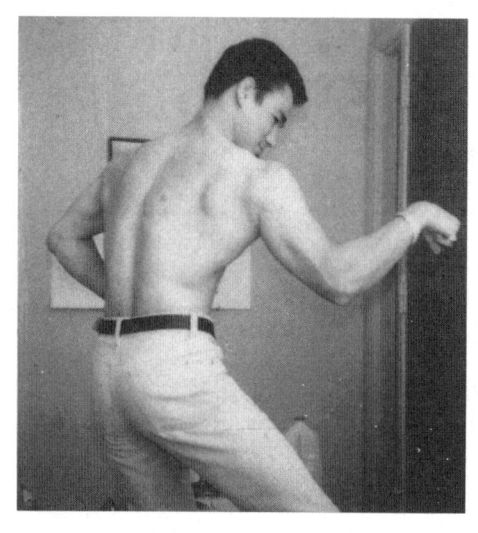

侧)、臀大肌、髋部屈肌、腘绳肌、小腿肌群、背部下部肌群、斜方肌、腹部肌群（可保持稳定）及肩部肌群。股四头肌是人体最有力的肌群，可以承担很多工作。深蹲训练不仅能增强大腿的围度和力量，训练时的深呼吸同样有助于整体的提高。将杠铃放置于肩上颈后做深蹲。再由这一姿势恢复完全直立。重复3组，每组10次。

2. 颈后臂屈伸：4组，每组6次（杠铃重量：64磅）

颈后推举可以锻炼上臂后侧的肱三头肌。你可以站立或坐着练习，只要舒适即可。双手分开约两掌宽，握住杠铃。将杠铃举过头顶，然后降低至颈后。上臂保持贴近头部，只有肘部弯曲。肘关节固定不动，抬起前臂，将杠铃向上举过头顶。

3. 上斜仰卧哑铃弯举：4组，每组6次（哑铃重量：35磅）

上斜仰卧弯举可以使身体其他部位不参与动作，仅仅训练上臂前侧的肱二头肌。双手各拿一只哑铃，仰卧在上斜板上。让哑铃的重量使双臂自然下垂，由此位置开始，弯举哑铃，使之靠近肩部。回到原先位置，再次重复动作。做4组，每组6次。

4. 单臂哑铃弯举：4组，每组6次（哑铃重量：35磅）

单臂哑铃弯举可集中锻炼你的肱二头肌（上臂前侧）。坐在椅子上，右手握哑铃，右肘靠在右大腿内侧。弯举哑铃，使之靠近肩部。动作要缓慢，做动作时要注视着自己的肱二头肌。重复6次。将哑铃换至左手，左肘靠在左大腿内侧，弯举6次。重复上述练习，共做4组，每组双手各6次。

5. 俯卧撑：3组，每组10次（杠铃重量：70～80磅。置于上背部）

俯卧撑是锻炼胸部肌群、肩部肌群、上臂后侧（肱三头肌）的完美方式。双手分开略与肩同宽，身体保持挺直。在呼气的同时伸直手臂将身体撑高，稍停，在吸气的同时使身体下降，只有胸部触及地面，与此同时，腹部距离地面1～2英寸，这是因为你的脚尖支地，能够使身体略微抬高。重复3组，每组10次。

6. 双臂弯举（杠铃）：3组，每组8次（杠铃重量：70～80磅）

这是有效提高肱二头肌围度与力量的基本杠铃训练方法。首先，双臂下垂并伸直。向上弯举杠铃，使之尽可能地靠近肩部。上身可能会轻微晃动，切记动作不要走形。重复3组，每组8次。

7. 肱三头肌屈伸：3组，每组6～8次（哑铃重量：3磅）

肱三头肌屈伸是颈后**单臂哑铃弯举**的"单臂版"。开始时手臂伸直将哑铃举至头上，然后将哑铃下降至颈后，让肱二头肌尽可能地靠近耳朵。（这会使上臂的动作幅度最小，从而迅速达到训练效果。）再次伸直手臂将哑铃举起。手臂伸直后，尽力收缩肱三头肌。重复3组，每组6～8次。

8. 哑铃旋臂：4组，每组重复尽可能多的次数（哑铃重量：16磅）

这一练习可以练就强壮的腕部肌群、前臂肌群、肱二头肌、肱三头肌及肱肌等。哑铃在体前沿垂直面旋转，腕部自向外弧线的最低处起向

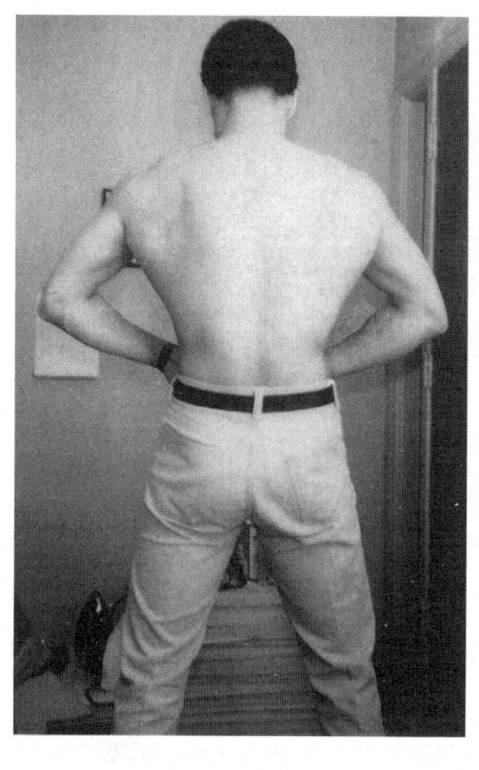

上旋转，沿向内的弧线向下旋转。重复3组①，每组重复尽可能多的次数（正如李小龙所写的：无限次数）。

9. 反握②弯举（杠铃）：4组，每组6次（杠铃重量：64磅）

反握弯举能够锻炼前臂上侧与外侧肌群、肱肌及肱二头肌。双手分开与肩同宽，握住杠铃，双脚分开与肩同宽。站直，双臂下垂至体侧，杠铃靠在大腿上。上臂紧贴胸部两侧。整体不要前倾或后仰，慢慢地沿半圆弧线向上弯举杠铃，使之从大腿上方举至下颚下方。尽可能地挤压前臂与上臂的肌肉，坚持一段时间，然后慢慢地放下杠铃，沿同样的弧线回到起点。重复4组，每组6次。

10. 反握腕弯举（坐姿）：4组，每组重复尽可能多的次数（杠铃重量：64磅）

反握腕弯举的目标是使前臂或臂屈肌更加粗壮。前臂放在大腿上，掌心向上伸出至膝盖的上方，用手指握住杠铃。慢慢卷曲手指握住杠铃，然后尽可能地屈腕。放松回原位置。重复4组，每组重复尽可能多的次数。

---

① 本小段标题为4组，正文为3组。前后矛盾，英文原文即如此。——编者注
② 反握是指掌心向前，拇指相背。正握是指掌心向后，拇指相向。——编者注

11. 正握腕弯举（坐姿）：4 组，每组重复尽可能多的次数（杠铃重量：10 磅）

正握腕弯举的锻炼目标是前臂伸肌。转动前臂使掌心向下。握住杠铃，然后腕部尽可能地向后屈。和上一个练习一样，把精力集中于手部动作。重复 4 组，每组重复尽可能多的次数。

12. 仰卧起坐：5 组，每组 12 次（重量：体重即可）

仰卧起坐是锻炼腹部肌群的有效方法。弯屈膝部（防止大腿肌肉助力），手部放在颈后，上身抬起，直至头部触到膝盖。重复 5 组，每组 12 次。

13. 提踵：5 组，每组 20 次（重量：体重即可）

提踵可以使小腿肌肉更加强健有力。以脚尖站在木块上，木块要有足够的厚度，以使得小腿肌肉能够充分伸展。膝盖绷直，收缩小腿肌肉，最大限度地提高身体。重复 5 组，每组 20 次。

每周三天的训练计划可以为肌肉的增长与塑形打下良好的基础。李小龙曾采用这种训练计划使自己的肌肉轮廓更加清晰，在后面的章节还会详述。对于初学者来说，这是增长肌肉围度与力量的首选方案。

第二部分

整体与循环训练计划

综合（整体）发展训练计划

如果你谈论的是运动，那是另外一回事。但如果你谈论的是格斗——真正意义上的格斗。那么，伙计，你最好认认真真训练自己身体的每一部位。

——李小龙

在发现正确的健身与力量训练方法带来的好处后，李小龙很快就决定对身体的每部分肌群都使用渐进式的抗阻力训练，以帮助肌肉和力量达到均衡增长。早先，他曾对一位香港记者说："我的肌肉是通过武术训练而变得发达的，这和专业健美运动员仅仅为了增加肌肉块头而进行的训练不同。"显然，李小龙把包括负重训练在内的附加训练只视为"武术训练"中的一部分。不过，尽管他的训练计划中包含了负重训练，但是却没有明显迹象表明李小龙曾有计划地进行那些大多数健美运动员所采用的单项训练方法（唯一的例外是当他坐在桌旁读书或看电视时，会采用佐特曼哑铃屈臂来锻炼前臂）。

事实上，无论是为自己还是他的弟子制定专门的肌肉训练计划时，李小龙总是强调综合性训练——完成一个动作需要同时使用两组甚至更多组肌群的训练。李小龙的理由很简单：他需要协调全部肌群，使它们以正确的方式发力，共同完成一个独立的目标动作，该目标动作可以是一记重拳、一记踢击、有效的组合诱敌，甚至是一个躲闪动作。由于这一目标深深地植入李小龙的头脑中，于是他设计了一个力量训练/健身计划来整体发展每一组肌群，进而为肌肉铺设神经网络，让各组肌群习惯于共同工作。

为此，李小龙制定了如下所述的综合（整体）发展训练计划，每周3天（周二、周四、周六），内容包括他自认为的各主要肌群的最佳训练方法。李小龙并没有详细记录这一训练计划的具体负重重量、组数、次数，不过除了弟子们的回忆之外，从他留下的许多负重训练记录卡片中也可以找到充分的证据说明，一般情况下他会做2组，每组8～12次。唯一的例外是腿部训练，他相信这需要更多的次数（12～20次）。

综合（整体）发展训练计划

1. 臂部

a. 挺举：2组，每组8～12次

"挺举"训练是李小龙在贝莱尔[1]居住时采用的主要负重训练方法之一，由于其能够锻炼到身体的每一组肌群（特别是肩部肌群、肱二头肌、肱三头肌），所以极富效率。李小龙发现挺举可以使全身的肌肉都得到充分的热身，因而成为他每次训练开始前必需的步骤。挺举不但能强化训练臂部与

---

[1] 好莱坞最高档的住宅区，李小龙于1968年购买入住。——编者注

肩部肌群，而且能够为将要训练的其他身体部位做好准备。

正确的挺举方法是：双脚分开，略与肩同宽，这样在你把杠铃举至胸部的过程中，双腿就能提供良好的动力。双脚站在杠铃下方，双腿大幅度弯曲，但最大程度即与地面平行。背部挺直。（这并非意味着背部保持垂直或水平，而是脊骨要保持一条直线，不能弯曲。）双手分开略比肩宽，握住杠铃，手臂完全伸直。最初的提拉动作是由腿部与背部肌肉发力的。当把杠铃从地面提起的时候，杠铃重量必须平均地分布于双脚，杠铃不要太靠前或太靠后。动作要充满力量，双腿与背部迅速挺直。用力上提，同时膝盖迅速地略微降低，让胸部去承接杠铃。使杠铃压在胸部最上方，腿部立刻挺直。这一切都是由一个快速而连贯的动作完成的。当你伸直腿部时，大腿放松，胸部抬高，肩部向后打开并下沉。下颚要内收，有两个原因：第一，如果你直接向上挺举而下颚没有内收的话，杠铃杆就会击中下颚；第二，如果你收回下颚，挺起胸膛，你的挺举动作就能形成一个完美而坚实的基础，因为这会使脊柱保持坚固挺拔的姿势。前臂垂直，将杠铃举至头上，手臂完全伸直，杠铃高度位于手掌根部之上。再以一个连贯的动作将杠铃降回至胸部，最后放回到地面上。重复2组，每组8～12次。

b. 弯举：2组，每组8～12次

弯举是肱二头肌的经典训练方法，但是初学者，包括部分顶级健美冠军几乎都不知道完成这一动作的正确方法。李小龙认为,弯举需要双手分开,与肩同宽,握住杠铃(双手不要离得太近,避免挨在一起;也不要太远以免影响你做动作的自然幅度),掌心向前,直立,双臂下垂于大腿前,肘部伸直。保持这一姿势,然后慢慢地弯屈肘部,将杠铃向上弯举至肩部,上臂保持不动。将杠铃置于下

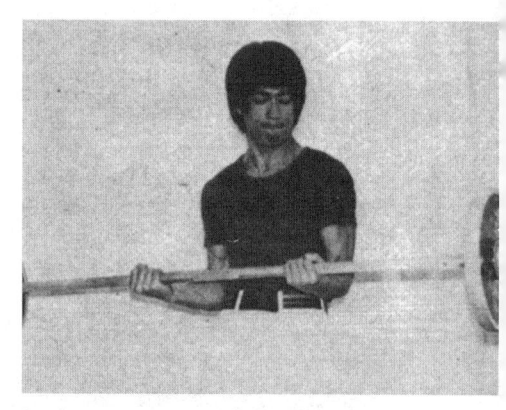

颚处,用力弯曲手臂,最大限度地收缩肱二头肌(轻数"1、2"),然后慢慢将杠铃放低至起始位置。记住,弯举时吸气,放下时呼气。重复2组,每组8~12次。

2. 肩部

a. 颈后推举:2组,每组8~12次

颈后推举是李小龙在训练中经常采用的锻炼三角肌与肩部肌群的方法。这一练习可以采用站姿,也可以采用坐姿,李小龙两种姿势都用过:在杠铃训练中采用站姿,在香港期间使用"马西牌循环训练器"(参见附录B)时采用坐姿。由于李小龙在使用"马西牌循环训练器"之前就已经记录了自己进行颈后推举的训练情况,因此,我们在此仅介绍他如何用杠铃来完成颈后推举。

双手分开,与肩同宽,握住杠铃,用一个连贯的动作将杠铃从地面举起至胸部,使杠铃停留在胸部上方,即胸骨与锁骨结合处。身体挺直,将杠铃沿弧线由面前举至头顶,接着将其放下至颈后,置于斜方肌之上(颈后底部),然后向上推举,直到手臂伸直,最后放下。重复2组,每组8~12次。

b. 直立上拉:2组,每组8~12次

直立上拉的训练重点是肩侧斜方肌与三角肌前束,同时对上背部肌群

和臀部肌群也有帮助。掌心朝向身前握住杠铃。双手距离较近，手臂充分伸展，使杠铃垂在大腿前方。在整个动作过程中，肘部始终保持在杠铃上方，将杠铃提起，使其沿腹、胸、颈部直至下颚处。腿和躯干保持挺直。整体动作是从大腿前方的位置上提至颈部。重复2组，每组8~12次。

3. 腿部

a. 深蹲：2组，每组12~20次

在李小龙的笔记中，腿部训练的首选方法就是杠铃深蹲，这是有原因的。深蹲不仅能锻炼大腿全部的肌肉，而且对整个呼吸系统都非常有益，对于运动员而言，拥有强大的心肺功能至关重要。因此，深蹲能练就强壮的大腿肌群、胸部肌群，并提高耐力。双脚分开与肩同宽站立，脚尖向前。将杠铃置于颈后肩上，屈膝下蹲直至大腿与地面平行。迅速恢复到直立姿势。屈膝之前深吸气，直立时呼气。每次动作前都让空气充满肺部并保持一段时间。需要注意的是，应保持背部挺直，臀部不要先抬起。（背部在任何时候都不能松弛。）在整个动作过程中保持脚跟着地。如果你很难保持脚跟着地，就让脚跟抬起踏在一块木板上。重复2组，每组12~20次。

b. 呼吸

李小龙认为，深蹲过程中的呼吸方式会影响训练效果。他在笔记中写道：要在屈膝之前深吸气，然后憋住气，直到恢复站立姿势再呼出。保持站立姿势，在重复下一次动作之前做几次快速的深呼吸。杠铃越重，每次动作之前的深呼吸次数就越多。李小龙认为不一定必须用鼻子呼吸，也可以张开嘴，尽可能多地吸入空气。

4. 背部

a. 划船动作：2组，每组8~12次

据黄锦铭与赫布·杰克逊（Herb Jackson）回忆（他们经常和李小龙一起训练），李小龙训练背阔肌时最喜欢采用的方法是俯身杠铃划船。进行此训练时，握住杠铃，将其从地上提起，但不必着急举过头顶。直立，使杠铃垂至大腿前方。双脚分开约8英寸，身体前倾而髋部保持不动，同时后背挺直。弯曲手臂，肘部向后，将杠铃向上提起直到肋骨下方，就如同划船一样。提拉杠铃时吸气，放下时呼气。重复2组，每组8～12次。

5. 胸部

a. 仰卧推举：2组，每组8～12次

仰卧推举是李小龙整体健身训练计划中的一项核心内容。仰卧推举可以躺在地板上进行，但如果躺在长凳上做，就能够让动作更充分，臂部和胸部的锻炼效果也会更好。正确的仰卧推举方法是躺在平凳上，肩部牢牢地压着凳子。双手分开约同臂宽，握住杠铃，降至胸部，然后再双手伸直，将其举过

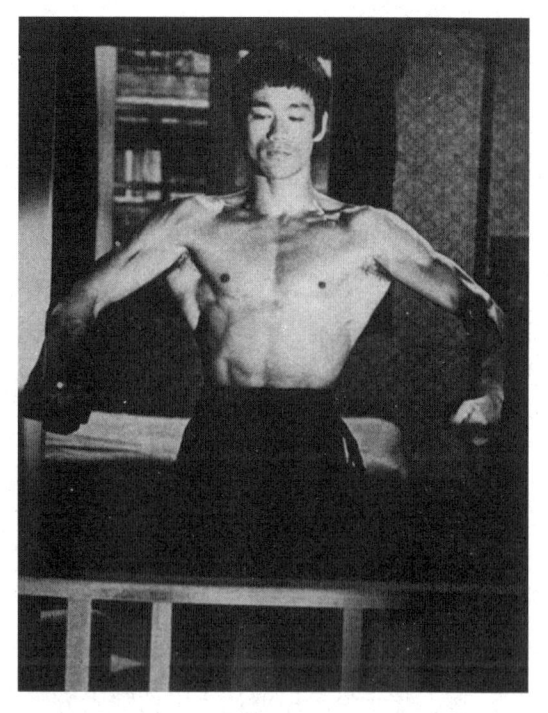

头顶。确保杠铃在胸部的正上方，避免放下时落在腹部。放下杠铃时，进行深呼吸，推过头上时应呼气。重复6～30次。这是锻炼整个胸部肌群、肱三头肌、部分后背肌群的极佳方法，也是所有运动项目选手都应采用的基础练习方法。注意，所有的练习动作都要躺在凳子上完成，双脚垂在地面上，这样可以更好地保持平衡，比把脚放在凳子上的效果更好。

b. 屈臂上提：2组，每组8～12次

屈臂上提是非常有效的锻炼背部与胸部肌群的配合练习。正确进行屈臂上提的方法是躺在凳子上，握住杠铃。伸直手臂将杠铃举至胸部上方，

肘部微屈。从此姿势起,放低手臂至头部上方,肘部保持微屈,直到你感到背阔肌得到了充分的伸展。然后举起杠铃恢复到开始位置。你应该在放低杠铃至完全伸展时吸气,将杠铃举至胸部上方时呼气。重复2组,每组8~12次。

20分钟力量与形体塑造计划

> 最重要的是,在所有的训练中都不要借力蒙混;采用适当的负重重量,确保在训练中不会引起肌肉拉伤。
>
> ——李小龙

李小龙持续不断地研究人体肌肉生理学,观察自己的身体反应,逐步制定了明确而标准化的训练计划(如上一章所介绍)。随后,李小龙根据自己的截拳道哲学思想开始了蜕变的过程,他放弃了那些不必要的训练,以达到最精简的程度,李小龙称之为"简单至上"。因此他减少训练负重量,减少额外的蛋白饮品,直到他的体重稳定在136磅(约62公斤)。

李小龙当时制定了一个新的计划,这个计划一直到他逝世,也再未做过任何改变。在最初的杠铃训练计划中,他特别重视臂部的负重训练。但后来，他意识到自己需要采用复合式的负重训练方法。这一方法同样符合每周3天的训练安排（他认为这种安排能够完美地达到自己的目标），因为他在电影中越来越频繁地出镜，这一计划更加适合全身肌肉均衡发展，并且使肌肉的轮廓更加清晰。由于这一新的计划采用了专门设计的复合动作（使用更大的负重量，需要更多的体能来完成动作），所以在两次训练之间安排适当的恢复时间或休息天数就更加重要。正如李小龙的笔记所述："由于负重训练需要重复运动，会消耗大量的体能。因此，负重训练应该隔天进行一次。"

李小龙制定的隔日训练表显示，他每周二、四、六进行负重训练，每周一、三、五、日用来进行恢复和提高易被忽视的其他方面。负重训练需要消耗大量的体能，所以在两次训练之间应该安排恢复与休息的时间，让自己完全恢复体力并得到补充。

李小龙调整自己的训练计划，训练日不再安排其他耐力训练或艰苦的武术训练。除了显著的训练效果之外，这个新计划的好处之一就是只需要20分钟就能完成！

李小龙的健身计划有三个核心要素：拉伸运动以提高柔韧性，负重训练以增强力量，心血管运动以提高心脏与呼吸系统功能。换言之，他应是最早实行交互训练方法的人之一。这个20分钟训练计划造就了李小龙在《唐山大兄》(*The Big Boss*，在北美上映时名为"*Fists of Fury*")《精武门》(*Fist of Fury*，在北美上映时名为"*The Chinese Connection*")《猛龙过江》(在北美上映时名为"*Return of the Dragon*") 等影片中所展示的完美体形。

20分钟力量与形体塑造计划

1. 挺举：2组，每组8次

首先，双手分开，与肩同宽，握住奥运举重杠铃[①]。屈膝，深蹲，腿、

[①] 奥运举重杠铃（Olympic barbell）是健美运动中使用的一种专业杠铃。——译者注

臂猛然发力，迅速将杠铃举至胸部，双腿站直。稍作停顿之后，将杠铃举到头顶上方，手臂伸直。稍作停顿，然后将杠铃放低至胸部。再次短暂的停顿之后，将杠铃放回地面。不要休息，重复做下一次，一共需要完成8次。为了让心肺功能得到充分的锻炼，只做短暂的休息，然后完成第2组，也是最后一组动作。

2. 深蹲：2组，每组12次

深蹲是李小龙杠铃训练的基本内容。他曾剪贴20多篇关于深蹲的文章，并尝试了多种形式的深蹲训练。不过在这一训练计划中，他采用的是标准形式的深蹲训练。将杠铃置于肩上，双脚分开，约与肩同宽。下蹲至最低限度，注意保持平衡。然后不要停顿，再运用髋部、臀大肌、腘绳肌、腓肠肌、股四头肌的力量站立起来，恢复到开始姿势。然后重复第2次，第3次，直到完成12次。稍做短暂的休息，进行第2组。

3. 杠铃上提：2组，每组8次

尽管没有文字记录，但是大量的间接证据以及目击者证明：李小龙将杠铃上提与深蹲相结合来进行训练。首先，那个时期他所读的杂志中频繁地建议采用这种练习。其次，这种练习能够让李小龙在大多数人完成一个动作的时间内做完两个连续的训练动作，从而满足他想在特定时间内达到最佳训练效果的要求。深蹲是公认的训练全身肌肉的有效方法（直到今天依然如此），而上提是用来强化胸腔灵活性和呼吸系统的。所以，在20世纪60年代后期与70年代早期，上提训练被当作深蹲训练的"结束"动作。上提的正确方法是：躺在平凳上，双手分开，与肩同宽，握住杠铃，将其完全推举至胸部上方。由此姿势开始，将杠铃放低至头部后方，肘部保持微屈，以免拉伤肘部肌腱，直到杠铃轻轻触到地面，让背阔肌得到舒适的伸展。由这个充分伸展的姿势出发，慢慢地收缩背阔肌、胸肌、肱三头肌长头，将杠铃举回至原先位置。重复8次，短暂休息后，进行下一组。

4. 仰卧推举：2组，每组6次

李小龙练就出的胸肌常常令人感到不可思议。有趣的是，他的个人记录显示他在这一时期唯一采用的最直接的杠铃训练就是仰卧推举——有效但并无新意。完成这一动作的方法是，仰卧在平凳上，双手分开，与肩同宽，握住奥运举重杠铃，将杠铃从架上举起，伸直手臂，使之位于胸部上方。由这个"锁定姿势"开始，将杠铃放低至胸部。然后在呼气的同时，将杠铃推举至锁定位置。重复6次，将杠铃放回到架上。在短暂的休息后，进行第2组，也就是最后一组。

5. 体前屈：2组，每组8次

关于这一方法需要提出警告：李小龙用这种方法进行下背部训练，但是在20世纪70年代初的某天，他举起135磅的杠铃（大约等于他当时的体重），在没有热身的情况下做完了8次体前屈。在做最后一次时，随着"啪"的一声响，他感到下背部一阵剧痛。后来他发现自己下背部第4根骶椎神经严重受损。造成的结果是，从那时起剧烈的背痛一直如噩梦般跟随着他。这并不是说这种方法没有好处，只是要确保在开始训练前进行适当的热身。李小龙后来告诉他的朋友和弟子丹·伊鲁山度："你做这项训练时根本不用再加重量，仅用杠铃本身的重量就够了。"特别是锻炼下背部，重量的增加必须循序渐进，量力而行且应小心谨慎。

将杠铃置于肩上，双脚分立，与肩同宽。腰部下弯，双手始终握住杠铃。继续弯腰，直到背部与臀部成90度角，然后恢复到直立的姿势。重复8次，短暂休息一下，进行第2组。

6. 杠铃弯举：2组，每组8次

杠铃弯举直接锻炼上臂的肱二头肌。这一方法让李小龙练就了令人惊叹的上臂，更不必说他在格斗中得以运用有效的拉引力量（擸手）。完成这一动作的正确方法是：双手分开，与肩同宽，掌心向前，握住奥运举重杠铃。双膝微屈，保持稳定，收缩肱二头肌，弯举杠铃到胸部高度。保持这个充分挤压的姿势片刻,然后慢慢放低杠铃,回到开始姿势。重复8次。短暂休息后,进行第2组,也是最后一组。

计划以外的练习

李小龙不仅进行上面列出的训练内容,还在武术训练中配合其他形式的负重训练。

据伊鲁山度回忆:

李小龙有时会手握轻重量的器械进行假想格斗训练，每次训练要出拳12组，每组100拳，每组负重重量不同——采用金字塔式的1-2-3-5-7-10磅，然后是倒金字塔式的10-7-5-3-2-1磅，最后是0磅。他让我和他一起训练，伙计！练得三角肌和臂部肌肉简直要燃烧起来。

当李小龙在武术训练中没有安排负重训练时，或在每周三次的整体训练中，都会用35磅哑铃进行弯举练习（这副哑铃就放在他贝莱尔的家中的办公室里）。琳达也曾是李小龙的弟子，她回忆："他经常使用这副哑铃，主要用来锻炼自己的前臂。"李小龙对于前臂附加训练的兴趣可以追溯到他练习咏春拳的日子。正如琳达所说：

咏春拳中的藕手（黏手）以及木人桩训练需要大量的前臂运动。李小龙所重视的全部捉拿动作都需要更加强壮的手臂。幸运的是，李小龙有能力同时做许多事情。我经常看到他一边观看电视里的拳击比赛，一边进行纵劈腿；或者一只手举着书阅读，另一只手拿着哑铃做运动。

20分钟力量与塑形训练以及在武术练习中配合进行的附加负重训练，进一步促进了李小龙的肌肉增长。他从不满足于已有的成就，甚至希望自己的体能更上一层楼。他决心设计一套训练计划，在整合力量训练效果的同时增强他本已强健的心脏血管系统。

整体健身的系列（循环）训练计划

《铁人》(Iron Man)是李小龙最喜欢的著名健美杂志之一，在李小龙的巅峰时期，这本杂志是由皮尔里·雷德（Peary Rader）与玛贝尔·雷德（Mabel Rader）夫妇主办的。雷德夫妇不断地为读者介绍当时最前沿的塑形训练方法，并且避免出现与之竞争的其他刊物普遍采用的商业广告。当时，这本杂志介绍了许多颇具吸引力的训练原则，如多组数训练原则、局部集中原则、停息训练原则[①]等。不过，李小龙把越来越多的兴趣用来研究《铁人》所介绍的一种崭新的负重训练体系：外周心脏活动训练体系（Peripheral Heart Action，后文简称PHA）。

PHA训练体系

PHA训练体系与当时流行的多数训练方法不同。在20世纪60年代末期，PHA训练体系的主要代表人物是年轻的健美运动员鲍伯·加赫达（Bob Gajda），他在《铁人》上发表了一系列文章（李小龙将这些文章剪下来收藏），阐述PHA训练体系重点强调的是"持续不断的血液循环"。从加赫达的文章中——其内容又是建立在生理学先驱人物亚瑟·斯坦豪斯博士（Dr. Arthur Steinhause）所进行的实验性研究基础之上，李小龙得出结论：如果在训练中提高自己的循环系统功能，就会显著改善肌肉力量和耐力，如果训练动作的幅度很充分，还会提高柔韧性。这些正是整体健康的三大支柱。

加赫达文章的突破性观点是：在训练的整个过程中不能让血液仅仅充满一个区域或一组肌群，而应该让血液在训练的全过程中在多组肌群中流入流出。PHA训练体系其实就是今天称为"循环训练"的先导。一个循环就是一组完整的动作（通常是5～6种不同的练习），每种练习针对不同的身体部位。这种训练的基本原则是每组肌群不要连续练习两次，而要继续

---

① 多组数训练原则（Giant Sets），每个动作最多3～4组，使每个肌肉群都能完全彻底地得到锻炼，并达到最大限度的肌肉膨胀。

　　局部集中原则（Flushing），即训练中必须使大量血液集中到被锻炼的肌肉中去，才能使肌肉更好地增长。如：在锻炼胸部时，课程中安排的3～4个动作要连续进行，中间不插入锻炼其他部位肌肉的动作，不断地使血液集中到这个部位，从而达到局部肌肉充分膨胀的状态。

　　停息训练原则（Rest/Pause），指的是用最大重量试举时，每次都试举到极限次数，然后停息一会儿，再接着试举。第一次停息可为30～45秒，以后每次增加30秒。这是增长力量和肌肉围度的好方法。这些原则都是"韦德训练法则"的内容。——译者注

立刻练习另一组肌群或身体部位。正如李小龙剪贴的一篇文章中所说：

举例而言，如果你连续完成两组或更多组弯举，就会影响到循环系统。在PHA训练体系中，你应该只做一组弯举，然后进行一组提踵练习、腹肌练习或背肌练习。换言之，同一组肌群不要连续锻炼两次，甚至不要连续锻炼同一类肌群，如轮流练习几组肱二头肌与肱三头肌。这样会使整个臂部充血。练习身体不同的部位。PHA训练体系的目标就是让练习分散于全身的不同部位。

在PHA训练体系中，肌肉能得到极大的刺激，血液能不停地流遍全身，因此每次训练都会让全身得到锻炼。而且，由于每个练习之间没有休息，能令血液保持加速流动，这样你就可以延迟因训练时间较长而产生的疲劳感。

李小龙始终超前于他的时代，他看到了循环训练理念的巨大价值，它不仅能够练就大块头的肌肉，而且能够有效地将心血管、柔韧性、力量训练整合在一个训练计划之中。为此，李小龙围绕上述整体健康的三项指标，按照PHA的指导方针与基本原则，制定了自己的训练计划。

李小龙的系列训练计划表（整体健身）

李小龙每周用6天来完成系列训练计划，并设置了两套方案用于交替。

他还把跑步作为日常基本练习来进一步提高自己的心血管系统机能。

方案 1a（星期一、星期三、星期五）

1. 跳绳（1分钟）

充分跳绳1分钟，立刻进行下一项练习。

2. 前屈（1分钟）

由直立姿势开始，双腿完全绷直并拢，弯腰前屈，头部尽量靠近小腿。保持这一姿势不变，结束后立刻进行下一项练习。

3. 猫式伸展（1分钟）[①]

猫式伸展是印度著名摔跤手伽马（Gama）所推广的两种练习之一。李小龙读过两篇介绍伽马及其如何通过这些练习来练就一身强壮肌肉的文章，并很快将其纳入自己的训练计划之中。猫式伸展又被称为"dand"，实际上是俯卧撑的一种变化形式。

四肢着地，用双手和双脚支撑身体，臀部与肩部在同一直线上。北美地区的练习方式是保持这一直线，同时屈臂，让胸部触到地面，然后伸展。在印度，则要尽量抬高臀部，俯身，屈臂，双腿推动身体向前移动，使胸部擦过地面，然后伸直手臂。再抬高臀部，重复这一练习。这是基本的印度式俯卧撑。立刻进行下一项练习。

4. 开合跳（1分钟）

开合跳又称为分腿跳。开始时双脚并拢，直立，双臂垂于体侧，双手放在髋部。同一个动作中，起跳，双腿分开（双膝微屈，以便吸收冲力，确保安全）约比肩宽6英寸，同时抬起双臂（保持伸直状态）使双手在头部上方接触。双手一旦接触，立刻做反向的动作，使双手与双脚

[①] 这里的猫式伸展与印度瑜伽中的猫式伸展是完全不同的两个动作。——译者注

恢复到开始的姿势。在 60 秒内重复尽可能多的次数。然后立刻进行下一项练习。

5. 深蹲（1 分钟）

李小龙从印度摔跤手迦马的训练方法中吸收的第二个练习便是徒手（只靠体重负重）深蹲。这在印度被称为"baithak"，也就是简单的膝部深屈——手放在髋部，双腿弯曲，深蹲、站起，深蹲、站起，深蹲、站起……做 1 分钟，立刻进行下一项练习。

通过猫式伸展与深蹲练习，迦马的胸围达到 56 英寸，臂围 17 英寸，大腿围 30 英寸。其秘诀就在于迦马进行的这两种练习方式。从李小龙剪贴的关于迦马训练方法的文章中可以看到，在印度，12~14 岁的男孩每天要做 1 000 次深蹲、500 次猫式伸展，而迦马这样的专业摔跤手每天凌晨 3 点就起床进行深蹲练习。迦马每天早晨要完成 4 000 次深蹲，然后吃早饭，下午完成 2 000 次猫式伸展，步行或跑步 4 英里，然后 3 个或 4 个小时不休息进行摔跤练习，结束一天的训练。

6. 高踢腿（1 分钟）

如果你看过李小龙在电影《猛龙过江》中与查克·诺里斯决斗之前的一系列热身动作，一定会记得高踢腿这一特别的练习。高踢腿时腿部完全绷直，向前踢起，尽量踢高（李小龙在高踢腿时大腿能够贴住胸部），然后回落到开始位置。李小龙会重复高踢许多次，在 60 秒内尽可能多踢。在高踢腿时支撑腿的膝盖可以略微弯曲。两腿交替高踢腿，不断重复。然后立刻进行下一项练习。

方案 1b（星期一、星期三、星期五）

前臂 / 腕部

1. 转腰（1 分钟）

直立，将一根木棒或扫帚柄（甚至没有杠铃片的杠铃杆也可以）置于肩上。双脚分开与肩同宽，上身尽量向右旋转，再尽量向左旋转。在 1 分钟之内尽可能多地重复这一动作。然后立刻开始下一项练习。

2. 掌心向上卷腕（1 分钟）

坐在平凳上，掌心向上，握住一个重量适当的杠铃。手背放在膝盖上。手指关节向下。收缩前臂内侧的屈肌，让手指关节向上（或至少向前）。将杠铃放低，恢复至开始位置，在 1 分钟内尽可能多地重复。然后立刻进行下一项练习。

3. 罗马凳（1 分钟）

罗马凳是仰卧起坐的一种变化形式，让你的上身在伸展时低于髋部高度。你需要一个特别的训练器械：罗马凳（像李小龙所用的），也可以用一张平凳，把脚固定在某物（如杠铃杆）之下。把双脚安全地置于杠铃杆或罗马凳的固定杆之下，把手置于胸部或脑后。从直坐姿势开始，上身放低，直到头部几乎接触到地面，然后恢复到开始时的姿势。1 分钟内尽可能多地重复。然后立刻进行下一项练习。

4. 提膝（1分钟）

这一练习既可以躺在地板上完成，也可以用一种提膝/举腿的特别方式完成。当你躺在地板上时，双手掌心向下放在地板上，置于臀部下方。双腿完全绷直，双脚抬离地面3英寸或4英寸。在一个连贯的动作中，双膝弯曲，将大腿拉向腹部位置，然后恢复到双腿绷直的姿势，双脚继续保持离地3英寸或4英寸。在1分钟内尽可能多地重复。然后立刻进行下一项练习。

5. 侧屈（1分钟）

双脚分开，与肩同宽，双手置于体侧，用右手或左手握住一只重量较轻的哑铃。双膝不要弯曲，上身向握杠铃的一侧屈体，直到哑铃降至膝关节的高度。然后身体恢复直立姿势，上身可略微超过垂直线向另一侧稍倾。在动作过程中，肘部与膝盖必须保持绷直。在30秒内尽可能多地重复动作，然后将哑铃换到另一只手，在30秒内尽可能多地向另一侧屈体。做完后立刻开始下一项练习。

6. 掌心向下卷腕（1分钟）

继续在你刚才进行掌心向上卷腕时所坐的平凳上，掌心向下握住一个重量较轻的杠铃。手腕下方置于膝盖之上，双手放松，使手指关节垂向地面。收缩前臂上方肌肉，使手背尽量提起，但是前臂始终不要离开大腿。恢复到开始姿势，在1分钟内尽可能多地重复。

方案2a（星期二、星期四、星期六）

1. 腹股沟拉伸（1分钟）

坐在地板上，双膝分开，双脚的脚底并在一起。双手放在脚部，双肘置于双膝的内侧，将双膝慢慢地、尽量地压向地板，在此过程中，双脚始终并在一起，双

肘始终不离双膝内侧。不要给双肘施加更多的压力。保持60秒，然后立刻开始下一项练习。

2. 侧抬腿（1分钟）

直立，右腿绷直，尽可能高地向右侧抬起。完全靠肌肉控制来保持这一姿势，坚持30秒。放下右腿，再抬起左腿，尽量抬高，保持30秒，然后放下，立刻开始下一项练习。

3. 深蹲跳（1分钟）

双脚分开与肩同宽，直立，深蹲，然后尽全力向上跳起，落地时保持直立姿势。60秒内尽可能多地重复。然后立刻进入下一项练习。

4. 转肩（1分钟）

这是李小龙在《猛龙过江》中与查克·诺里斯决斗之前进行的另一项热身练习。双脚分开，与肩同宽，直立，双臂置于体侧，双肩从前向后做圆周式旋转，双肩向上提，向后拉，放低，再尽量提高。在30秒内尽可能多地重复，然后改变旋转方向，从后向前旋转30秒。立刻开始下一项练习。

5. 交替劈叉（1分钟）

双脚分开，与肩同宽，双手置于体侧，右腿向前伸，左腿向后伸（双膝可以略微弯曲），形成半劈叉的姿势。同时，左臂向前抬至肩部高度，右臂向后抬高。然后转身改变姿势，左腿与右臂向前，右腿与

左臂向后。在 1 分钟内尽可能多地重复这一交替动作。然后立刻开始下一项练习。

6. 腿部拉伸 A, B（2 分钟）

你需要有一个椅子或者低单杠来完成此练习。将右脚跟置于椅背或单杠之上（右脚位置要在腰部的高度以上）。（A）面向椅子或单杠，右腿绷直，脚尖向前。保持这一姿势 30 秒。（B）右脚旋转，变成侧踢的姿势，右脚踝内侧置于椅背或单杠，髋部向左旋转。保持这一姿势 30 秒。换另一条腿做此动作。做完立刻开始下一项练习。

方案 2b（星期二、星期四、星期六）

1. 抬腿（1 分钟）

躺在平凳上，或仰卧在地板上，把双手置于平凳的支撑架上，或置于臀部下方、地板之上。膝盖绷直，将脚抬起 3～4 英寸。膝盖保持绷直，双脚并拢，双腿抬高，直至与上身成 90 度，然后将双腿放低至开始位置，离地 3～4 英寸。在 60 秒内尽可能多地重复。结束后立刻开始下一项练习。

2. 反向弯举（1 分钟）

掌心向下，正握一个标准杠铃或 E-Z 杠铃。直立，双脚分开，与肩同宽，双肘紧贴体侧，收缩上臂肱肌，由开始姿势向上弯举杠铃，从大腿前方举到肩部位置。充分收缩肌肉，保持片刻，然后将杠铃放低至开始姿势。在60秒内尽可能多地重复。做完立刻开始下一项练习。

3. 转体仰卧起坐（1分钟）

仰卧，双脚固定（在杠铃之下，或仰卧起坐凳末端的固定杆之下），膝盖弯曲，使脚跟几乎贴住臀部。双手交叉置于头后。上身抬起，努力用右肘触碰左膝。恢复到开始姿势，再抬起上身，这次用左肘触碰右膝。恢复到开始姿势，在60秒内尽可能多地重复。然后开始下一项练习。

4. 单头哑铃转腕（1分钟）

右手握住单头哑铃（只有一头安装铃片的哑铃）的空头端。单膝跪地，握哑铃的手置于较高的膝盖上，掌心向下。顺时针旋转哑铃，尽量向一侧旋转，然后转回到开始姿势。在15秒内尽可能多地重复。接下来，转动握铃手的腕部，让前臂的外侧置于膝盖之上，逆时针旋转哑铃，尽量向另一侧旋转，恢复到开始姿势。在15秒内尽可能多地重复。然后换一只手，重复上述两个动作，每个动作重复15秒。做完立刻开始下一项练习。

5. 交替抬腿（1分钟）

仰卧在地板上，掌心向下，放在臀部下方。双腿绷直，双脚抬高，离地3~4英寸。由此姿势开始，一条腿抬高大约12英寸，然后恢复到开始姿势。在一条腿放下的同时，另一条腿抬起约12英寸。双腿继续交替抬高，在1分钟内尽可能多地重复。立刻开始下一项练习。

6. 腕力轴（1分钟）

这是李小龙最著名的一项练习方式，因为它使前臂得到极大的锻炼。当然，所用到的器械——腕力轴（一根粗把手的圆棒，棒身固定着一条绳索，绳索的另一端挂着较轻的负重物）也是非常有效的锻炼前臂的器械。要想得到最大的锻炼效果，需牢牢握住腕力轴，置于身体前方。手指关节向上，转动腕部，旋转腕力轴，让绳索完全缠绕在杠上。在卷起绳索的过程中，让腕力轴的上方向外（身体前方）转，肘部不要弯曲，否则你的前臂、肱二头肌、肩部肌群都会参与这一动作，分散练习的效果。将绳索卷起之后，再将其放下。重新卷起绳索，这一次让腕力轴的上方向内旋转。双臂始终伸直，腕力轴保持水平。每次旋转腕力轴时，手要尽量大幅度地沿弧线运动，稳定地旋转。使用的重量要让你能够卷起4次，即两种方向各卷2次，在1分钟内完成。

腕力轴现在已成为一种流行的训练器械，如图：

李小龙改良后的PHA训练计划达到了预期的效果：他提高了自己的肌肉耐力，提高了整体体能，让全身各部位变得更加强壮。

增强肌肉的循环训练计划

每一位看过《龙争虎斗》的龙迷都会从中发现,李小龙的肌肉线条非常明显(健美术语称为"轮廓清晰")。他的肌肉不仅更加发达、匀称,而且在拍摄这部电影时,肌肉轮廓所达到的清晰程度更是令人惊叹。

健美运动巨头乔·魏德(Joe Weider)是阿诺德·施瓦辛格来到美国的引路人,也是通晓肌肉训练的权威,他最近告诉我,自己"从来没有见过任何人的肌肉线条能够达到《龙争虎斗》中李小龙所拥有的清晰度"。这并不是说李小龙在拍摄这部电影之前肌肉不发达，但毫无疑问，他的肌肉轮廓发生了明显的变化，采取了某种方式来完善自己的肌肉。然而，究竟是哪些因素发挥了关键作用呢？在他生命中的那段时期，李小龙非常频繁积极地进行各种身体运动，如设计舞蹈般设计电影中的武打场面，每天跑步2公里，不断完善自己的格斗技术，完成前面几章所介绍的健身训练。这些活动使他拥有了在《唐山大兄》《精武门》《猛龙过江》中所展示的体形。但为什么李小龙在其最后一部电影《龙争虎斗》中的肌肉看上去更加轮廓清晰、每一组肌群都像雕刻一般线条分明？唯一的原因（李小龙的饮食、有氧训练、运动量并没有改变）就在于他1972年12月购买并随后在日常训练中使用的多功能综合训练器械：马西牌循环训练器。

这套器械的序列号是2175，在加州的格兰岱尔市生产制造，由远洋货轮莱克萨·麦斯克号（Lexa Maersk）运送至香港，1972年12月25日抵达维多利亚港口。它被装在一个板条箱里，放在集装架上，在结清关税后于1973年1月6日运送到李小龙的家中。

香港之旅

就在这套器械抵达香港的前几天，李小龙的亲密弟子兼好友黄锦铭、赫布·杰克逊（后者是极富才华的机械制造师，正是他在香港签收的这套器械）负责将其运送到李小龙的家中，并最终装配了起来。

因为李小龙曾遗憾诸多训练器材无法随身携带而不得不遗落在了加州，黄锦铭和杰克逊知道后便将其中一些主要的运送了过来，同时还带上了他们自己的行李。之后，他们本人也来到了香港。两人到达香港时正值《猛龙过江》公映。李小龙对他们说："伙计，你们来得正是时候！我刚拍完《死亡的游戏》（*The Game of Death*，李小龙的另外两名弟子卡里姆·阿卜杜拉·贾巴尔与丹·伊鲁山度在杰克逊与黄锦铭抵港前的两个月内先后参与拍摄了这部电影）的部分前期内容，在开拍下一部电影之前，我正好有

点时间。"李小龙所拍的"下一部电影"就是《龙争虎斗》。

在香港,黄锦铭和杰克逊同李小龙一起进行了一些简单的训练,但是此时的李小龙已经重新严格安排了自己的训练日程,与以往有所区别的是,训练内容更具自主性,主要包括少量跑步、伸展运动以及技术训练等。1973年1月初,黄锦铭返回洛杉矶继续自己的工作,大约一周之后,杰克逊为李小龙装配好了运抵的训练器械,这令李小龙非常高兴。除此之外,杰克逊在其他很多事情上都为李小龙提供了大量的支持和帮助,如为李小龙家里装配洗衣机和干衣机,修剪院里的树木,设计制造出严格符合李小龙所要求的训练器械,甚至在李小龙去田纳西州的一部电影中担任武术指导期间亲自开车送琳达去医院生下了李小龙的第二个孩子李香凝。正是在这些日子的相处中,李小龙与杰克逊不断增进了解,日益友好。

李小龙是杰克逊的武术教练、指导顾问,最重要的是他的朋友。两人常常一起用餐、交流、分享生活经验。杰克逊在李小龙购买"马西牌循环训练器"一事上也起到了关键作用,1972年11月7日,他帮助李小龙同马西健身器材公司的老板沃尔特·马尔奇安（Walter Marcian）办理了购买手续。如今，杰克逊已经70多岁了，当他回忆起这次购买时仍不禁露出了笑容：

沃尔特·马尔奇安是我的叔父，有一天，我开车带着李小龙去加州格兰岱尔的马西工厂。我希望能为李小龙争取到一些折扣，毕竟我是老板的侄子嘛！沃尔特也同意了。我对他说："你知道，我这位朋友可是世界顶尖的武术家，不过他也没多少钱，所以，如果你能给他打点折，我会非常感激的。"我看看李小龙，他正两眼看天——要知道，李小龙是位砍价的高手，大概是他觉得我的方法太业余了！不过，这事最终还是成了。我叔父按照通常对大学的折扣给了他优惠15%。

李小龙很喜欢这套器械，毫不犹豫地支付了500美元。这套器械拥有他训练所需的全部主要组件，而且符合他追求完美的标准。这些组件（共有9组）是由人体运动学家、训练生理学家共同发展改进的，健美运动员仅仅关注外在的肌肉增长，而人体运动学家与训练生理学家则以通过训练提升每一组肌群的功能为目标。这套器械作为一种循序渐进的负荷训练器械，锻炼了李小龙的肌肉，但更重要的是，用李小龙自己的话说，它使自己最大限度地"发挥"出整体健康的潜能。

马西牌循环训练器包括以下 9 大组件：

- 推举凳
- 下拉器
- 两个高滑轮
- 两个低滑轮
- 静力架
- 提膝或举腿器
- 肩部推举杠
- 引体向上杠
- 腿部推蹬器

腿部推蹬器特别引人注目：在许多方面，它可以说是今天诺迪克训练设备（Nordic Trac）的前驱。推蹬器的底部延伸出两条轨道，每条轨道上装着一个脚镫，样子很像今天大多数赛跑运动员在起跑线上使用的起跑架。这两个脚镫连接着两组配重块，可以在 10～220 磅的重量范围内进行调整。

据训练器附带的说明书介绍，每个组件的练习时间是 30 秒，在此时间内尽可能多地重复完成动作，不做任何休息。伴随着心率的提高，从一个组件练习到下一个组件，直至完成共 9 个组件的练习。

到《龙争虎斗》开拍的时候，李小龙已经将他的这个新器械运用于日常训练中。1973 年他对一名记者说："我每天最少训练 2 小时，包括 3 公里的跑步、专门的负重训练、踢法练习、击打轻沙袋与重沙包。"

其中"专门的负重训练"就是使用马西牌循环训练器进行练习。鲍勃·沃尔（Bob Wall）是加州的一名商人，1970 年曾获世界重量级空手道冠军，并在《龙争虎斗》中出演配角，他回忆："在拍摄《龙争虎斗》期间，我看到李小龙进行拉力训练时，总是先用一种方式练习，再用另一种方式练习，不断变换方式——采取各种角度，从不重复同一个角度。他总是从不同的角度，采用不同的方式，进行了大量的肱三头肌屈伸，以及类似的练习。"

还有一个人也出现在《龙争虎斗》中，并曾目睹李小龙训练，他就是杨斯（Yang-tze，美国名字是博洛·杨，Bolo Yeung）。据杨斯回忆："李小龙家里有一套马西牌训练器——就在厨房旁边。李小龙喜欢健身运动，他每天都训练。站立推举、下拉等，诸如此类。"

氧气——体内的火源

当你吃下食物时，它会以脂肪（或转化为蛋白质）的形式存储为燃料，脂肪能够提供能量，蛋白质可以产生和增强肌肉组织。氧化并燃烧体内脂肪都需要氧气，因此，在训练中身体代谢产生的氧气越多，体内脂肪的燃烧就会越快、越充分。

而这就必须让肺部产生自然的（而不是刻意的、不自然的）呼吸需要（持续不断地呼吸空气）。通过长时间的努力练习或快速动作，可以形成这种呼吸需要。

除非呼吸系统产生了稳定的、持续的需要，否则脂肪是不会被充分燃烧的。只有当更多的氧气随着快速的血液流动被持续不断地输送到贮存脂肪的各个部位，才会燃烧更多的皮下脂肪，让肌肉的轮廓更加清晰可见。

循环训练包括哪些内容

一组循环训练包括 8~12 项内容。每项内容表现为一个练习。针对每一项内容，你要完成一个特定的练习，使用特定的负重阻力，在 30~60 秒（最多不超过 60 秒）的时间内完成特定的重复次数。每项内容之间都不要休息，从一个练习到另一个练习（从一项内容到另一项内容），一直完成整个循环训练。

循环训练需要计时

你应该记录下自己完成整个循环训练所需的时间。当你能够比开始时花费更少的时间完成所有的循环训练，就在每个练习中增加一些负重重量，并设定新的时间目标。这样一来，整个循环训练就成为一项竞赛。你在和自己竞争，而训练也会在锻炼肌肉与耐力的同时增加更多的乐趣和变化。

如何确定你应该采用的重量

如果你渴望尝试李小龙的循环训练，却不确定应该使用多少负重重量，请遵循这一原则：使用你平时一次所能举起的最大负荷的一半重量。举例而言，如果你做仰卧推举时一次能举起 400 磅，那么在循环训练中就应使用 200 磅的重量，在 30 ~ 60 秒内尽可能多地重复。为了逐步提高训练难度，你还可以：

1. 增加所使用的重量；
2. 增加每组练习的时间；
3. 提高重复动作的速度（做更多的次数）。

不过，绝不能为了追求速度而让动作变形。每个练习重复的动作不要超过 30 次。循环训练的原理是通过增氧健身法提高耐力，而不仅仅是增强力量。当然，也可以通过减少重复次数，但以持续且快速的动作来增强力量。

循环训练的三大变量

李小龙的循环训练法有三大变量：

1. 负荷（负重阻力）；
2. 重复动作（组数与次数）；

3. 时间（一组或多组循环的持续时间及重复动作的节奏与速度）。

其他训练形式，如奥运会的举重运动，只有两个变量：

1. 负荷（采用最大极限的磅数进行训练）；

2. 重复动作（次数少，每次以最大极限举起重量）。

一些特殊的训练，如间隔跑，也使用两个变量：

1. 重复动作（快速）；

2. 时间间隔（变换进行跑步或走路、冲刺或慢跑）。

循环训练能够提高身体的三大机能，而时间是关键之所在。通过增加时间来增加运动的种类和节奏，让训练量得以提升，从而循序渐进地产生呼吸需求，同时刺激肌肉增长，因此使力量、耐力和肺活量均得以提升。

对于希望肌肉轮廓更加清晰的人们而言，循环训练的优势在于：获得耐力训练的有氧运动效果的同时，还能够利用负重练习让肌肉越来越明显，更强健、更坚硬、线条也更加分明（健美术语称之为"肌肉密度"或"肌肉质量"）——始终帮助你增大肌肉围度、提高在高强度训练之下的肌肉耐力！

什么人应该采用循环训练，以及为什么？

每个人都可以从李小龙的循环训练中获益。它能够帮助任何项目的运动员提高效率，对想要拥有清晰肌肉轮廓的人尤其具有非常大的价值。不要以为有氧循环训练和跑步差不多（绝大多数习武者都是这样认为的），李小龙之后的习武者已经明白跑步对于提高心肺功能的价值，但他们也不希望减少已经练出来的肌肉围度。也就是说，习武者不想让自己看起来像个跑步运动员！李小龙循环训练方法对于习武者的重要性正在于此：在基础肌肉训练与武术练习之外，增加循环训练（虽然是很少的训练），从而使呼吸系统功能、心脏功能、力量与耐力、肌肉轮廓都得到提升。

皮下脂肪氧化后，肌肉轮廓和匀称性就会得到改善。而脂肪的消耗在很大程度上也减轻了心脏负担，同时让肌肉耐力也得到了理想性的增强。希望快速塑形的人可以在训练中进行更多的循环训练，已经拥有良好体形的人可以把自己的循环训练控制在 20 分钟之内。不过，这一时间限制并不适用于练习后的快跑或武术练习。

如何发挥循环训练的最大效用

如果体重比较重，在训练中就应该首先强调循环训练。如果体形很好，则应将循环训练安排在常规心血管训练或武术练习的末尾。要确保首先以相应的体能完善自己的技术，然后使用剩余的体能进行循环训练。

循环训练的若干要点

1. 穿一件轻便或吸汗的衣服，因为循环训练的目的就是要让你出汗，从而使呼吸系统产生大量的呼吸需要，进行深呼吸。

2. 在各项内容（练习）之间不要休息。从一项练习迅速换到另一项练习，但必须确保每项练习都正确完成。

3. 全神贯注提高循环训练的速度，换言之，加快重复动作。不必要时不要停下来。努力让自己的每一次循环训练都比上一次更加迅速。

4. 用嘴呼吸，尽可能多地呼吸。在循环训练中尽可能多地吸入氧气。

5. 在你熟悉了循环训练、确定了训练节奏之后，每过 2 周为每项练习增加一些负荷重量。

6. 每项练习最多不要超过 60 秒。

7. 一组完整的循环训练至少要进行 8 ～ 12 分钟。根据自己的目标，至少要完成一个循环。

下面是李小龙在 1973 年间使用马西牌循环训练器进行训练的具体计划（每项后附有简要说明）。

李小龙的循环训练计划

1. 正手（掌心向前）引体向上

收缩肱二头肌，让下颚接触横杠上方。放下身体。在 30 秒内尽可能多地重复动作。做完立刻开始下一项练习。

2. 坐姿蹬腿

坐在蹬腿器上，将脚放在竖架上。上身向前倾，用腿部力量将自己蹬离训练器。在 30 秒内完成 8 ～ 12 次。做完立刻开始下一项练习。

3. 交替髋/膝伸展（站立蹬腿）

将肩部靠在蹬腿器组件的垂直垫上，双脚踩在轨道上的脚镫中。一条腿向后伸展，在蹬腿的过程中背部保持挺直，双腿有节奏地交替后蹬，在 30 秒内尽可能多地重复。做完立刻开始下一项练习。

4. 肩部推举

握住肩部推举杠，全力向上推举。下背部不要向内弯曲。放下推举杠，在 30 秒内重复 8 ～ 30 次。做完立刻开始下一项练习。

5. 在肩部推举组件上站立提踵

将肩部推举杠调节到最高的高度。在推举杠的正下方放一只小凳子，双手握住推举杠的把手，脚尖朝前站在小凳子上。尽可能地抬高脚踝。在 10 秒内尽可能多地重复；结束这组后脚尖向外重复提踵动作，在 10 秒内尽可能多地重复；最后落地时脚尖向内，在 10 秒内尽可能多地重复提踵动作。做完立刻开始下一项练习。

6. 拉力器交替弯举

握住拉力器的把手（双手各握一只），双手交替弯举，拉向下颚——仅仅使用肱二头肌，不要使用下背部肌群。在 30 秒内每只手各重复 8~12 次。做完立刻开始下一项练习。

7. 站立单臂水平内收

握住拉力器的一只把手，侧立在训练器前，手臂完全伸直。然后手臂完全内收，将把手拉到胸前。放松恢复到原位，在 30 秒内尽可能多地重复。再换另一只手重复。做完立刻开始下一项练习。

8. 仰卧推举

仰卧在平凳上，双手握住推举杠。举杠，双臂完全伸直，背部始终不要离开平凳。在 30 秒内重复 8~12 次。做完立刻开始下一项练习。

9. 标准硬拉（深蹲），使用仰卧推举器械

将推举杠调节到最低的位置，在下方放一只小凳。站在小凳上。从深蹲姿势开始，握住推举杠，髋关节与膝关节弯曲，臀部放低，面向前方。仅仅使用腿部的力量，站起直立。然后恢复到深蹲姿势，在 30 秒内尽可能多地重复。做完立刻开始下一项练习。

10. 跪姿颈后下拉

跪在下拉杠的下方，双手举过头顶分开，正手（掌心向前）握住下拉

杠。向下将杠拉至颈后，稍停片刻，恢复到开始姿势（手臂完全伸直）。在 30 秒内尽可能多地重复。做完立刻开始下一项练习。

11. 肱三头肌下压

由站立姿势开始，双手举过头顶分开，正手（掌心向前）握住拉杠。拇指相对，用力下拉，直到手臂完全伸直。恢复到开始姿势，在 30 秒内尽可能多地重复。做完立刻开始下一项练习。

12. 心血管功能提升运动

全力以赴地短跑（户外），达到气喘吁吁的状态。下坡跑时要控制自己的步伐，在平地跑时要用较大的步伐，上坡跑时要减小步幅。在 1.5 分钟内跑得尽可能远、尽可能快。做完立刻开始下一项练习。

13. 站立，腕力轴练习

握住腕力轴，棒下悬挂承重物。双手伸出，保持水平，握住腕力轴，扭动腕部将承重物卷绕上来，再将其放下。在 1 分钟内完成。做完立刻开始下一项练习。

14. 颈部弯曲／拉伸

用颈力带将较轻的承重物挂在头上。髋部保持不动，屈膝，充分屈颈，完全拉伸颈部。顺时针旋转颈部，然后逆时针旋转颈部。在 1 分钟内分别做 8~12 次屈颈、拉伸、旋转动作。

循环训练计划虽然仅仅是李小龙训练计划中的一种，但被视为最有效的训练方法，不但能够改善肌肉质量与清晰度，而且有助于整体健康的均衡发展，实现最终训练目标。

第三部分

专项训练计划

《龙争虎斗》功夫专项训练

李小龙逐步适应了上述循环训练计划之后，又制定了一套力量训练计划，以满足自己作为一名武术家不断发展的需要。

李小龙制定这个力量训练计划是为了强化自己的上下背部肌肉、大腿肌肉与臀屈肌、小腿腓肠肌、上臂肱肌、前臂肱肌群和肩部肌群。他把一条特殊的带子连接在马西牌循环训练器的低滑轮上，再用带子的另一端拴住脚踝，然后开始做三种踢法的练习：前踢、勾踢、侧踢。通过这种方式，李小龙不仅增强了这些踢法所需的肌肉，而且重点加强了踢法练习中常被忽视的平衡力训练，提高了肌肉在踢击之后迅

速恢复原先平衡姿势（正如迅速踢出时）的能力。此外，通过使用带子与低滑轮进行抗阻力练习，李小龙还有效增强了下肢肌肉的稳定性，锻炼了维持平衡所需的肌群，提高了敏捷性与迅速恢复动作的能力。

这一训练计划主要集中于马西牌循环训练器的各项内容，不过李小龙也加入了一些传统的自由负重训练（杠铃与哑铃）。在为《龙争虎斗》所做的几页武打设计稿中，李小龙写下了这些训练方法。在电影拍摄的整个期间，他使用了这些方法，并与上一章介绍的循环训练相结合，直到去世之前。当李小龙于1973年5、6月间最后一次回到洛杉矶时，他会见了几位弟子，其中包括理查德·巴斯蒂罗（Richard Bustillo），据他回忆：

我最后一次见到李小龙是在他逝世前两个月，我问他："你还坚持每天训练吗？"李小龙跳起来说："当然了，瞧！"他收缩自己的股四头肌，阔筋膜张肌立刻鼓了起来。"你打一下它！"他说。我照做了——上帝哪！就像打在一块木头上！它太硬了！我问："这组肌肉有什么用？"他说："做外摆踢就要用到这块突起的肌肉。"他告诉我，他一直进行特定的负重训练来锻炼这组肌肉。

这"特定的负重训练"就是利用低滑轮进行的踢法练习，包含在下面的训练计划之中。

A. 背部

1. 壶铃划船（25，50，75，100磅）

壶铃就像一个有把手的哑铃，把手的两端连接着承重物。你可以使用壶铃进行哑铃训练动作，它不会让手腕受伤，并且可以扩大传统哑铃训练的有效动作范围。进行多数划船动作时，单臂哑铃划船——空手或握壶铃，可以直接强化背阔肌、斜方肌、三角肌后束、肱二头肌、肱肌、前臂屈肌，同时带动锻炼背部其他肌肉。进行这一练习时，将重量适当的壶铃放在地板上，靠近平凳。左手握壶铃，右手置于平凳上以支撑上身，保持上身与地面平行的姿势（在整体练习过程中都要保持这一姿势）。同时右脚在前，左脚在后，手臂伸直，将壶铃提离地面1～2英寸。肘部向后，慢慢提起壶铃，让它的内侧接触到上身体侧。左肩向上转动。慢慢将壶铃放下到开始位置。重复8～12次，变换身体姿势，右手握壶铃，重复同样的次数。接下来用另外一个更重的壶铃进行重复练习。

2. 硬拉

硬拉是练成骇人背肌并提高整体力量的最佳训练动作。可直接锻炼竖

脊肌、臀肌、股四头肌、前臂屈肌、斜方肌。同时可带动锻炼全身其他肌群，特别是背部肌群与腘绳肌。将杠铃放在地板上。双脚分开与肩同宽，脚尖向前，小腿接触杠铃杆。俯身，双手分开与肩同宽握住杠铃。在练习过程中始终保持手臂伸直。背部挺直、髋部降低，采取正确的提拉姿势，即肩部高于髋部，髋部高于膝部。首先伸直腿部，慢慢将杠铃从地面提起，然后挺起上身，直立，双手伸直在体侧，杠铃位于大腿上方。慢慢将杠铃沿同一线路放回地面。重复8～12次。

3. 背屈伸（山羊/俯卧挺身）

这个练习直接作用于腘绳肌、臀大肌、竖脊肌，同时带动锻炼背部其他肌肉。站在腹背训练凳中间的适当位置，面向大靠垫，向前俯身，髋部靠在大靠垫上，脚踝放在身后的小垫之下。练习过程中双腿需保持绷直。双手放在头颈后方。上身下垂，低于髋部高度。用下背部肌群、臀大肌、腘绳肌的力量抬起上身，做类似仰卧起坐的反向运动，使上身高于与地面平行的角度。慢慢恢复到开始姿势，重复8～12次。如果你没有腹背训练凳，也可以在同伴的配合下完成这一练习。仅以双腿俯卧在较高的训练凳或桌子上。同伴压住你的脚踝，控制住你的双腿，完成这一练习。在练习中，你可以将一片（或两片）杠铃片放在头后以增加负荷重量。

B. 大腿

1. 站姿蹬腿器练习

这项练习有助于锻炼腘绳肌与臀大肌的髋部屈伸力量，帮助腰髂肋肌与腰方肌稳固。身体前倾，腘绳肌与腓肠肌配合发力，拉动膝部向后伸。注意，开始姿势必须是上身前倾，超

过躯干和臀部的垂直线。站在蹬腿器旁边，一只脚置于其中一条轨道上的脚镫内。保持平衡，握住蹬腿器前方的垂直架，右腿用力向后蹬（模拟后踢动作）。重复12～20次，然后换腿再做此练习。

2. 腿部拉伸

这项练习既可以在一个专门的腿部推蹬器械上完成，也可以将皮带系在一个或两个低滑轮上，把脚穿过皮带，然后坐在平凳上进行腿部拉伸。两种方法都要保持上身挺直——身体不要前倾或后仰。完全伸直双腿，再放低，用肌肉控制双腿慢慢恢复到开始姿势。最多进行3～4组，每组12～15次。

3. 坐姿蹬腿器练习

这项坐姿腿部屈伸动作练习要让髋部固定不动，让股直肌做简单的机械运动。这一练习要求最大限度地屈伸股四头肌：大肌群（股外侧肌、股内侧肌、股中间肌）。上身垂直，略微前倾。开始时，在蹬腿器上方放一个带垫子的小凳，坐在凳子上，双脚踏在踏板上。上身挺直，双手在体侧握住座位的侧边，在练习时身体不要离开座位。双腿伸直，将自己尽可能远地推离踏板，然后在肌肉力量的控制之下慢慢恢复到开始姿势。让配重片落回原位。重复4组，每组12～20次。

C. 小腿

1. 提踵

提踵是锻炼小腿肌群与其他腿部伸肌的最佳练习动作之一。它还可以增强重要部位——脚踝周围的肌腱。进行提踵练习时，双脚分开几英寸，以脚尖站在一块木板上（两本厚书，或两块砖）——任何3～4英寸厚、适合脚尖站立的物体均可。脚跟下降，脚背弯曲。将杠铃置于肩上颈后，或握住马西牌循环训练器的推举杠把手。以稳定的节奏抬起再放下脚跟，脚尖支撑，尽量抬高身体，让脚踝做最大幅度的运动。第一个月可以仅通过自身的体重进行练习，做3组，每组8次，然后逐渐提高到3组，每组10次。一个月后，增加训练的负荷重量。

D. 拉力器（手）

1. 反握弯举

使用拉力器与低滑轮进行反握弯举，能够给肌肉（如上臂肱肌）带来持续不断的拉力。事实上，掌心向下的握法会令肱二头肌极难活动。反握弯举的所有变化形式主要是锻炼前臂上部/外部肌群、肱二头肌、肱肌，附带锻炼由旋前圆肌、直肌支撑的前臂屈肌。进行反握弯举时，双手各握住一只与马西牌循环训练器的低滑轮相连接的把手。双脚适当分开，站在距离低滑轮6～8英寸的位置。直立，双臂下垂，由肩部向滑轮方向伸直。上臂紧贴住体侧，在练习过程中保持不动，手腕要直。上身不要前倾或后仰，右手慢慢向上弯举，从开始位置沿半圆形弧线举至下颚下方。保持这

一姿势，尽全力紧紧挤压上臂与前臂的肌肉。片刻之后，沿同样的弧线恢复到开始姿势，换到左手做同样的弯举动作。双手交替练习，重复3~4组，每组8~12次。

E. 拉力器（腿）

1. 提膝全力伸展，做前踢。
2. 提膝全力伸展，做勾踢。
3. 提膝全力伸展，做侧踢。

这一练习要求全力提起髋部与大腿。将一条弹性皮带连接在马西牌循环训练器的低滑轮上（或墙脚滑轮的S勾上），另一端紧系在你的右脚踝上。理论上，你应该以支撑腿（不做踢击动作）站在一块木板上（使你可以自由地摆腿，不用担心脚会碰到地面），离滑轮2.5~3.0英尺远，背对配重片。握住稳固的支架，确保自己在做练习时上身稳定。让拉力器的重量将你的脚尽可能地向后拉，靠近滑轮方向，保持舒适的姿势。双腿绷直。使用臀屈肌、股四头肌的力量，让右脚从开始位置出发，沿半圆形弧线向前尽量高踢。动作要迅速：开始时大腿抬起，然后小腿伸展完成前踢。收回腿至起始位置，再做勾踢练习——抬起大腿，同时伸展小腿用力向后回旋。然后将腿收回至起始位置，练习侧踢。每种踢法重复8~10次，每次之后均将腿收回至起始位置。用弹性皮带系住另一只脚，换腿进行练习。

F. 肩部

1. 肩部推举

这项练习与站姿杠铃推举一样，有效地锻炼三角肌前束与中束、肱三头肌，以及支撑肩胛骨运动的上背部肌群。正确方法是，在马西牌循环训练器肩部推举杠的两只把手之间放一条凳子。面向配重片，坐在凳子上，

双腿夹紧凳子，让身体保持适当的安全姿势（你也可以背对配重片进行练习）。正握推举杠把手，慢慢伸直手臂，将推举杠高举过头顶，手臂伸直。稍停，慢慢放下，恢复到开始姿势。重复 3 ~ 4 组，每组 10 ~ 12 次。

必须强调的是，这只是李小龙为了不断提升自己体能潜力而采用的众多训练计划之一。为此，他只实践对自己当下有用且有益的事物，从训练计划到健身器械。这一理念也符合李小龙"以无法为有法，以无限为有限"的截拳道哲学。李小龙拒绝把自己局限在一个计划或一种练习方式之中。他采用了多种不同的训练计划与方法，极大提高了健身与训练的效果，并且避免了身体因长期锻炼而产生压力。训练中持续不断的变化不仅可以避免心理上的厌倦，而且能让肌肉始终保持对不断变化的新训练动作的适应能力。

专项训练：腹部

我的力量产生于腹部。它是身体重心的中点，是真正的力量源泉。

——李小龙

　　李小龙身体各个部位的肌肉都非常发达，而其中最引人注目的可能就是他的腹部了。他的腰细如蜂腰，并且拥有完美的腹肌与线条清晰的肋间肌。李小龙有理由为他发达的腹肌感到自豪，因为他终生都控制饮食、付出巨大的努力来进行训练。正如对其他感兴趣的事物一样，李小龙对腹肌训练的一切相关内容都进行了深入透彻的研究。

　　除了阅读健美、生理学、解剖学方面的图书之外，李小龙还有一个专门的文件夹，里面装满了从各种肌肉训练杂志上剪贴下来的文章，这些文章详细描述了不同健美冠军所采用的腹肌训练方法与计划。李小龙遵循他的截拳道哲学，不断进行研究，吸收有益的东西，摒弃不相关的资料，最终形成属于自己所特有的一系列训练方法。

　　李小龙主要提炼了5种练习方法，一般情况下，他每天都要完成其中的3种练习来锻炼腹肌。（根据他的体能状况，偶尔会完成全部5种练习。）下面就来为大家介绍这5种练习。

五项基本腹肌练习

1. 仰卧起坐

李小龙进行仰卧起坐的目标是锻炼上腹部肌肉与肋间肌。他坚信,要达到腹肌练习的最大效果,必须完成相当多的重复次数(每组15～20次)。进行仰卧起坐时,你需要专门的斜躺板或腹肌板。躺在板上,双脚固定在板的末端,膝部微屈,上身屈起,让胸部紧紧压住膝盖。保持这个充分收缩的姿势1秒或2秒,然后上身慢慢放低,恢复到开始姿势。李小龙还会将双手置于脑后进行转体仰卧起坐,用左肘接触右膝,下一次用右肘接触左膝。李小龙认为转体起坐比普通的仰卧起坐更有效果。

2. 举腿

在锻炼腹肌时,李小龙非常喜欢举腿练习为下腹部带来的效果。仰卧在平凳上,握住垂直架(用来放置杠铃的支架)。双腿举起,高于水平线大约18英寸,然后在肌肉的控制下放低,恢复到开始姿势。(使用平凳做练习，李小龙在开始时就让双腿高于地面，这就意味着当他放低双腿时拥有非常大的动作范围。）尽可能多地重复这一练习。李小龙还会在引体向上杠上进行举腿练习，双腿绷直，然后举起至与身体成 90 度角，放下，恢复到开始姿势。另外，李小龙有时会在最后一次练习时保持举腿姿势，双腿来回做交叉摆腿运动。

3. 转体

这项练习可以采取坐姿，也可以采取站姿，但李小龙的首选是后者，他认为站姿转体有更大的动作范围。李小龙通过转体动作来锻炼腹外斜肌（位于腰部两侧），练成结实、紧收的腰身。进行这一练习时，双腿挺直，双脚分开与肩同宽，直立。握住一根长棒或轻重量杠，置于颈后肩上，在保持舒适的前提下尽量弯腰俯身。由此姿势开始转腰（髋部保持不动），尽量让长棒的左端去触碰右脚。然后立刻站直，再次重复这一动作，这次是用长棒的右端去触碰左脚。李小龙认为这组动作最少要重复 50 次。

4. 蛙踢

这个练习在"静止练习"这一章介绍过。蛙踢据说是由约翰·齐格勒博士（Dr. John Ziegler）发明的，他曾于 20 世纪 60 年代在宾夕法尼亚州约克县的约克杠铃俱乐部（York Barbell Club）工作，声称"蛙踢能够改善腰部的力量和形状，同时消耗掉下腹部的多余脂肪"。这个练习的动作很简单——悬垂在引体向上杠上，提起膝部，使其尽力去接触胸部。重复 15～20 次。它非常简单、有效，据说对治疗腰伤很有帮助。

5. 体侧屈

像站姿转体一样，体侧屈也是锻炼腹外斜肌的。双脚以较宽的距离分开，双手置于体侧，其中一只手握住哑铃。双膝保持挺直，上身向握铃一侧屈体，直到哑铃垂至膝关节的高度。然后慢慢恢复到直立姿势，上身可略超过身体垂直线向另一侧微倾。在练习过程中，肘部与膝关节都要保持挺直。每一侧重复 2～4 组，每组 15～20 次，将哑铃换到另一只手，重复同样的练习动作。李小龙认为，应在屈体时呼气，在恢复直立时吸气。

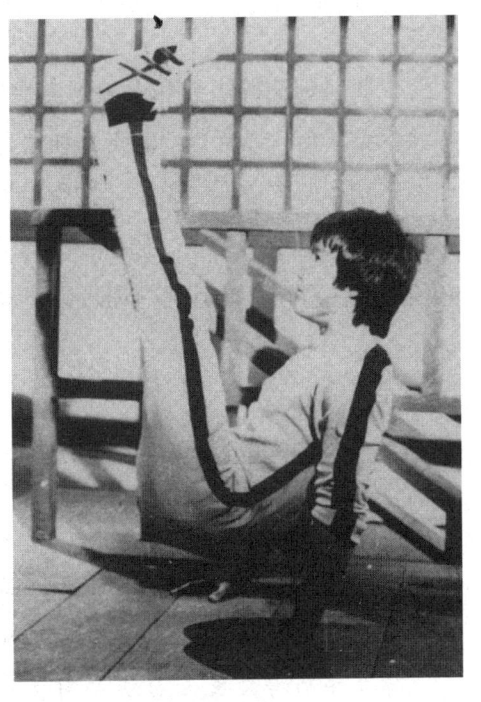

腹部的减脂与健康

李小龙认为，饮食状况会最终影响腹部组织的厚度与密度。当你摄入低热量食物并配合充分的有氧运动和耐力训练减掉这些脂肪组织之后，就可以只进行常规练习，并且配合适当的饮食来保持体形了。李小龙每天都训练腹肌，使自己的腹部非常结实、腰部紧收（腰围最小时只有 26 英寸，约 66 厘米）。李小龙也总是摄入健康食品，特别是高蛋白食物。他认为一个人应该把淀粉、糖、脂肪的摄入控制在最低程度，不然为什么要在解决问题的同时又制造问题呢？李小龙在锻炼腹肌或进行有氧训练（如自行车）时，偶尔会在腰上缠一条氯丁橡胶制作的热量带。它能够在特定训练部位积累更多的热量，从而排出更多的汗水，帮助燃脂并保持身形。

腹部训练的提示与要点

1. 动作迅速，但要全神贯注。
2. 当你无法做大幅度练习动作时，继续做小幅度动作，"燃烧"能量，使腹肌更加发达、线条分明。
3. 每次训练结束前，保持一段时间的腹肌紧收（如静力收缩）会非常有效。

4. 腹肌训练的组数和次数不需要比其他肌肉训练的次数更多。腹肌训练并不会减脂，只有科学的营养和休息间隔最少的训练才能帮助你减脂。

5. 李小龙告诫他的弟子：把腹肌训练当作减脂的手段是一种错误观点。它无法达到这个目的。腹肌训练只能锻炼肌肉。要想减掉堆积的脂肪，你必须严格注意自己的营养习惯，以及锻炼的节奏。

李小龙关于腹肌训练的笔记与思考

腰腹能够协调身体的各个部位，是身体的中心和发力之源。因此，你能提高控制身体动作的能力，更加随心所欲。

即使我已经每天不再进行其他练习，但仍然会坚持做腹肌训练。

耐心并坚持每天做腹肌练习，效果很快会出现。

仰卧起坐的正确方法不是坐起再躺下，而是把自己卷起来：将背部卷起，就像卷起一张纸。

李小龙的腹部训练计划

腹肌训练

1. 转腰——4组，每组70次
2. 转体仰卧起坐——4组，每组20次
3. 举腿——4组，每组20次
4. 体侧屈——4组，每组50次
5. 蛙踢——4组，尽可能多次

腰/腹训练（2组）

1. 罗马椅仰卧起坐

2. 举腿

3. 体侧屈

跑步配合

1. 仰卧起坐——4组，每组20次

2. 举腿——4组，每组20次

3. 体侧屈——4组，每组15~20次

专项训练：前臂

任何训练都不要借力，使用你能负荷的重量，不要让自己受伤。

——李小龙

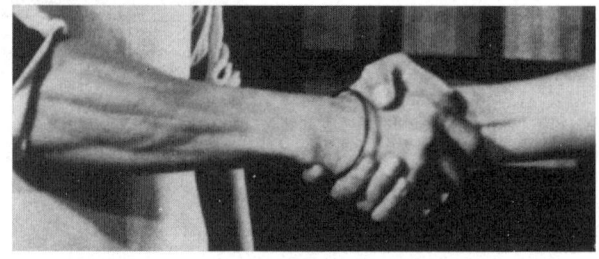

李小龙坚信前臂训练能够增强抓握力量与出拳力量。"他是前臂训练的狂热者,"琳达笑着回忆道,"只要有任何人推出新的前臂训练方法,小龙就一定会去尝试。"

李小龙委托他在三藩市结识的老朋友李鸿新(二人并非亲戚)制造了一些前臂训练器械,可以增加额外的重量负荷来进行练习。"他总是寄给我这些训练器械的设计图,"李鸿新说,"我就按照他要求的规格来制造。"鲍勃·沃尔记得,李小龙把大量的精力投入于前臂训练,以增强自己的力量和肌肉。"在我见过的所有人当中,就身体比例而言,李小龙拥有最强壮的前臂,"沃尔说,"他的前臂非常粗壮!有着令人难以置信的强有力的手腕和手指,他的手臂非比寻常。"

在掰腕比赛中(两人手臂伸出,向逆时针方向压倒对方手腕,力大者获胜),李小龙能够战胜所有的对手。赫布·杰克逊是李小龙的好朋友,也曾经为其制造训练器械,他说:"李小龙打算摘取掰腕比赛的世界冠军。"

木村武之是李小龙最亲密的朋友之一,在西雅图与华盛顿都曾在李小龙的私人授课中担任振藩功夫助教,他说:"抓住李小龙的前臂,感觉就像抓着一根棒球棍。"李小龙对于前臂训练极为着迷,每天都会进行训练。

"他认为前臂肌群非常非常密集,所以你必须每天锻炼,让它更加强壮。"丹·伊鲁山度回忆道。

与身体其他部位一样,李小龙的前臂拥有巨大的力量,可以打出极具破坏力的拳法。(请注意前面上页图中他强壮的前臂伸指肌!)本章就来介绍李小龙最喜欢的前臂训练方法以及相关说明。

前臂训练

腕力轴

腕力轴是李小龙最喜爱的前臂训练器械之一。腕力轴是一种粗把手的圆棒,棒身连接着一条绳子,绳子的另一端悬挂着数磅的配重块,是一种非常有效的前臂训练器械。要想达到最大效果,牢牢握住腕力轴,置于身前。指关节向上,卷腕,旋转腕力轴,把绳子完全卷绕在腕力轴上。在卷绕时,腕力轴的上方向外旋转,肘部不要弯曲,否则会影响训练效果。然后再使腕力轴上方向内旋转,将绳子放下。卷绕时要注意遵守以下原则:

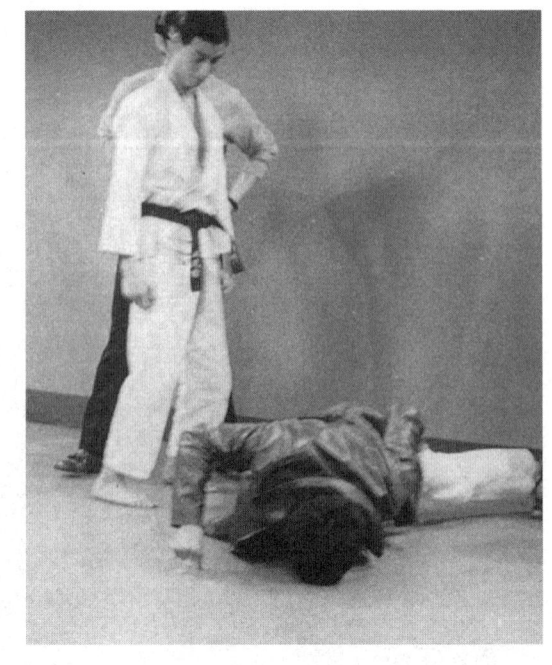

1. 训练过程中双臂始终伸直。腕力轴要始终保持水平。旋转腕力轴时,手部动作的弧线要尽量延长,手腕要尽量旋转。旋转动作要稳定。采用的配重要让你能够完成4次缠绕,即沿两个方向各缠绕2次。

2. 在练习中要逐渐增加重量。要控制重量,以防过度疲劳。当手腕与前臂疲劳时，每次只能旋转很小的幅度。不过你要尽量大幅度地旋转腕力轴，以达到最佳的训练效果。

还有一种腕力轴练习方法，是站在一个较高的箱子或椅子上，双臂在体前下垂。握住腕力轴，按上面的方法进行练习。这种方法使你的双臂不会像向前伸直练习时那么快就感到疲劳（肌肉会受到某些不同的影响）。这种方法更加容易，但同样有效。你也可以先按标准方式进行练习，然后再用这种方法练习，还可以交替进行这两种练习。腕力轴训练是锻炼腕力与前臂的最佳练习方法，必须将其列入整体训练计划之中。多年以来，许多出色的运动员都在使用这种练习方法。

手指俯卧撑

手指俯卧撑是锻炼手指力量的最佳练习。采用与俯卧撑相同的姿势，只不过现在是用手指支撑你的身体。开始时必须用所有的手指支撑体重，当手指力量增强之后，减少一根手指——这会极大地增强手指力量。李小龙能够仅仅用食指和拇指来完成这一练习——注意是一只手！

反握弯举

反握弯举能够锻炼前臂后方的伸肌肌群。掌心向上握住杠铃，直立，使杠铃置于大腿前方，双臂伸直。上臂保持不动，弯肘，将杠铃举起，当前臂与地面平行时，稍停2秒，继续弯举，将杠铃举至胸前。以与向上弯举相同的速度放低杠铃，注意当前臂与地面平行时稍停。举杠铃时吸气，放低杠铃时呼气。

拉力器反握弯举（马西牌循环训练器）

使用低滑轮与拉力器进行反握弯举能够在练习中给肌肉（在这项练习

中是上臂肱肌）带来持续不断的张力。事实上，掌心向下的握法会令肱二头肌处于极难活动的状态。反握弯举的所有变化形式主要锻炼前臂上侧与外侧的肌群、肱二头肌、肱肌，同时附带锻炼由旋前圆肌、旋前方肌支撑的前臂屈肌。

进行反握弯举时，双手各握住一只与马西牌循环训练器的低滑轮相连接的把手。双脚适当分开，站在距离低滑轮6～8英寸的位置。直立，双臂下垂，由肩部向滑轮方向伸直。上臂紧贴住体侧，在练习过程中保持不动，手腕要直。上身不要前倾或后仰，右手慢慢向上弯举，从开始位置沿半圆形弧线举至下颚下方。保持这一姿势，尽全力收紧上臂与前臂的肌肉。片刻之后，沿同样的弧线恢复到开始姿势，左手做同样的弯举动作。双手交替练习，重复3～4组，每组8～12次。

握力器

这个特别的前臂训练器械是李小龙的好友兼弟子李鸿新专门为他制作的。李小龙按照自己需要的精确规格，在纸上画下了这种器械的设计图，然后由李鸿新（他是一名专业的金属器械制造师）制成。这个握力器放在李小龙贝莱尔家中的办公室里，这样他一有空就可以随时训练自己的握力和前臂屈肌。它的上方有一个固定的横杠，下方有一个把手，这个把手可以提高到横杠的位置。把手下端可放置一些杠铃片（总重量可以超过100磅），使李小龙可以循序渐进地为前臂增加抗阻力。进行练习时，手部握拳，再放松,每个动作都让肌肉承受负荷。李小龙拳眼向前进行前臂握力练习,重复 8 ~ 20 次,然后拳眼向后进行练习,重复 8 ~ 20 次。

佐特曼弯举[①]

据琳达回忆,李小龙在办公室读书时常进行佐特曼弯举练习并一直坚持。李小龙在办公室放一副哑铃,一旦想要锻炼,他随时都会拿起哑铃进行佐特曼弯举,强化自己的前臂。进行这一练习的正确方法是:双脚分开,与肩同宽,双手各持一只哑铃,自然下垂(你也可以只用一只哑铃,每组换一次手)。左手将哑铃弯举至左肩,在动作过程中上臂保持不动,让哑铃经过身体右侧举起至左肩。肘部完全弯曲后,旋转手腕,使掌心向下,然后将哑铃放低至开始位置,并让哑铃继续向身体左侧移动,尽可能远离身体(左上臂保持固定位置)。在左腕旋转、放低哑铃的同时,右手开始弯举哑铃(经过身体前方)至右肩。在右腕旋转、放低哑铃的同时,左手开始再次向上弯举。每个哑铃都沿弧线运动,动作要平稳、有节奏。

杠铃屈腕弯举(坐姿)

杠铃屈腕弯举可以锻炼前臂下侧的屈肌。上图是《死亡的游戏》的剧

[①] 现代流行的佐特曼弯举与李小龙的方式不同,具体方法是:坐在凳端,腰背挺直,双手反握哑铃,手臂下垂。弯举哑铃,当哑铃距离肩膀前大约 15 ~ 20 厘米的位置,停止屈臂并挤压二头肌。保持收缩片刻,然后将哑铃反转过来,从而使手掌向前。放低哑铃,克服放下时产生的重力。当到达最低位置时,将哑铃转回最初的反握法。重复上述动作。——译者注

照，李小龙正在挥舞双节棍，请注意他的前臂——那高高隆起的屈肌，包括尺侧腕屈肌、掌长肌、桡侧腕屈肌、指浅屈肌、指深屈肌等。

开始练习时，双手分开，与肩同宽，掌心向前握住杠铃。坐在椅子或凳子上，前臂置于大腿之上，双手向膝盖前方伸出 2~3 英寸。前臂保持这一姿势不变，伸展腕部，尽量放低杠铃，然后屈腕，仅用前臂力量提起杠铃。恢复到开始姿势，重复这一动作。进行练习时要牢牢握住杠铃，只用手部的运动来完成动作。

反握腕弯举（坐姿）

反握腕弯举常常被忽视，它能够很好地锻炼前臂上端的许多肌群。掌心向下握住一个较轻的杠铃。双手距离略窄于肩宽。坐在椅子或凳子上，前臂放在大腿上，双手向膝盖前方伸出 2~3 英寸。前臂保持这一姿势不变，腕部伸展，尽量放低杠铃，然后收缩前臂屈肌，仅靠前臂力量将杠铃提起。恢复到开始姿势，继续重复这一动作。进行练习时要牢牢握住杠铃，只有手部做动作。

单头哑铃

单头哑铃几乎可以用任何物体代替。握住一只空杠铃杆偏离中心的位置，就相当于握住了一只单头哑铃。李小龙经常频繁地使用单头哑铃进行

训练。他会向上屈腕若干次，然后改变握杆位置，向下屈腕若干次。然后顺时针旋转、逆时针旋转，锻炼前臂的每一组肌群。看到他的前臂，没有人会怀疑他的训练效果。

用不同的手指提起重量

这项练习往往要求用一根手指完成，是增强抓握力的最佳练习方式。德国著名大力士赫尔曼·格纳（Herman Gorner）经常用不同的手指来提起重物，以此增强手指力量，以便在硬拉时能够抓起更大的重量。这种练习有许多种不同的形式，如引体向上、提举杠铃与哑铃等。

静力压迫

这一练习的可取之处在于你仅仅需要握住某种物体（如弹簧夹或网球）不放，尽量坚持10～15秒。这项练习的唯一缺点就是不太吸引人，因为你无法衡量自己的进步。不过你可以使用一个测力计，测力计的优点在于它的指针能够停留在练习过程中压力所达到的最大刻度。

前臂训练的"要"与"不要"

· 要进行充分的伸展与收缩。
· 所有的训练动作都要保持适当的速度,让肌肉发热。
· 任何训练都不要借力。
· 不要让杠铃从手中滑落,需十指紧扣,始终牢牢握住杠铃。

技巧、要点及其他训练计划

腕部所做的任何一种充分收缩与伸展的动作,都有助于提高前臂的力量、围度、形状。开始进行一周大约 3 次的前臂专项训练时,选择一项前臂内侧的练习和一项前臂外侧的练习。首先完成 3 组前臂内侧的练习,每组 10 次。短暂的休息后,做 3 组前臂外侧的练习,每组 10 次。各项练习每周增加 1 组,直至增加到每项练习做 6 组。如果在提高的过程中感到重量负荷不够,则应随时增加负荷重量,达到使你在完成每组的最后几次动作时必须尽全力完成的程度。

力量训练计划

开始进行力量训练时要采用适当的重量,使你能够完成 5 组,每组 15 次。每周增加 5 磅重量,始终保持每组 15 次。

肌肉训练计划

肌肉训练需要更多的次数，而不是重量的增加，它也可以作为力量训练的变化形式。开始时完成 6 组，每组 20 次，每周增加 5 次，一个月之内增加到每组 40 次。

围度训练计划

如果你的前臂较瘦，需要增大前臂围度，就应在完成最初的训练后，用更多的时间来锻炼前臂内侧。选择两项前臂内侧的练习，每项练习各做 4 组，共做 8 组，直到你的前臂增长到合适的围度。你可以在训练过程中尝试各种重量与次数的组合，检验它们的效果差异。

多样化的必要性

你应该在训练中变换练习形式，如屈腕弯举、握力器、腕力轴等。多样化的练习能够从不同角度来锻炼肌群，使你得到更全面的提高。

粗杆哑铃与粗杆杠铃

因为粗杆哑铃与粗杆杠铃很难找到，可以在握杆位置缠上一层较厚的海绵橡胶，然后缠成任何你想要的厚度。使用粗杆哑铃与粗杆杠铃进行少量的练习之后，你的前臂很快就会撑起衣袖。

李小龙关于前臂训练及器械的文字记录

在练习中，始终牢握杠铃杆，进行充分的伸展与收缩。在铃杆上缠些东西，使之变粗，训练效果会更好。最重要的是，在任何练习中绝不要借力。采用适当的重量，不要让肌肉受到损伤。

在握杆处缠上海绵，在日常训练中尽可能多地采用粗杆练习。

（致李鸿新）你为我制作的握力器太棒了，它对我的训练帮助很大。

（致李鸿新）我还要再次感谢你为我制作了握力器（还有双杠臂力器、

铭牌，以及其他东西）。你制作的东西总是非常专业……我的握力和前臂都有了进步，也多亏了你制作的腕力轴。

李小龙的前臂 / 握力训练计划

前臂训练

1. 掌心向上屈腕弯举——4 组，每组 17 次
2. 掌心向下屈腕弯举——4 组，每组 12 次
3. 单头哑铃弯举（A）——4 组，每组 15 次
4. 单头哑铃弯举（B）——4 组，每组 15 次
5. 反握弯举——4 组，每组 6 次
6. 腕力轴——完全缠绕，4 圈
7. 单头哑铃旋转——3 组，每组 10 次

握力训练（随时进行——每天）

1. 握力器——5 组，每组 5 次
2. 捏握练习——5 组，每组 5 次
3. 抓握练习——5 组，每组 5 次

指提

五个手指全部练习（左、右手）

腕力练习

1. 杠铃旋转——5 组，每组 5 次
2. 单头哑铃——3 组，每组 10 次
3. 长单头哑铃——3 组，每组 5 次

前臂训练

1. 反握弯举——3 组，每组 12 次
2. 掌心向上屈腕——3 组，每组 12 次
3. 掌心向下屈腕——3 组，每组 12 次
4. 腕力轴——卷起、放下 1 次

（注：使用粗把手，每天尽可能多地练习）

5. 反握弯举——3 组，每组 10 次
6. 腕屈肌弯举（B 或 D）——3 组，每组 10 次
7. 腕伸肌弯举（B 或 D）——3 组，每组 10 次
8. 腕力轴——尽可能多

（注：B 为杠铃，D 为哑铃。）

前臂握力与腕力练习

1. 指力——指提
2. 握力——捏握，抓握，握力器
3. 前臂——掌心向上，掌心向下，反握弯举
4. 腕力——单头哑铃，杠铃旋转

李小龙肩、颈训练的7种方法

我们不应忽视颈部肌肉的训练。

——李小龙

任何人只要看过李小龙在《猛龙过江》中进行的转肩练习，都会感到非常吃惊：一个人竟然能够把自己的肌肉锻炼和控制到这种程度！李小龙的三角肌和颈部肌群非常紧实，而且轮廓清晰——这主要是通过武术训练得来的，如击打重沙袋、高低沙袋、极速拳击、黐手练习，以及更多的常规训练。

李小龙唯一一次向公众讲述颈部训练的重要性，是在1972年接受香港TVB无线电视台访问：

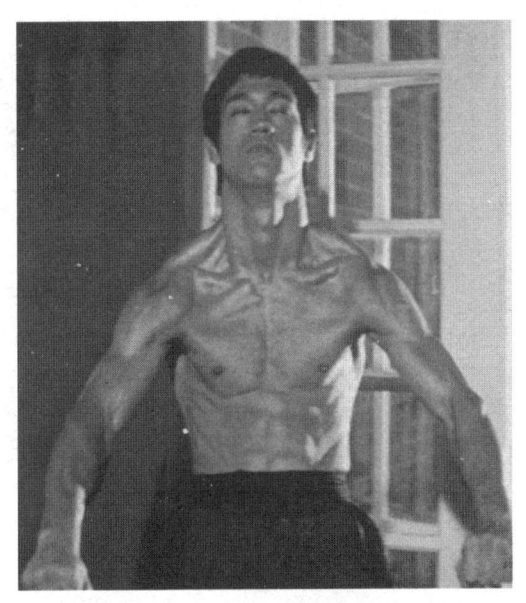

我们不应该忽视颈部肌肉的训练。这种训练非常重要。在训练颈部肌肉时，你可以使用"颈上举"或"颈上提"这两种方法。在颈部悬挂配重物，用颈部力量将配重物抬高，然后向左、向右侧倾。随着时间的推移，你的颈部肌肉会越来越强壮、越来越有力。它也能够强化你的消化系统和支气管神经。

在采访中，李小龙接下来详细解释了在训练中必须努力锻炼颈部肌肉的原因：

如果一个人拥有强壮的颈部，他就很可能是一个强壮有力的人。颈部

训练会强化头部组织。颈部强壮的人也不会被轻易地打倒。运动员是如此,一名拳击手更应该进行颈部训练,这样就不会被人轻易击倒。一名习武者应该进行更多此方面的训练,让自己拥有强壮的颈部。

李小龙的颈部与肩部的训练方法

1. 摔角颈桥

摔角颈桥是李小龙有效强化颈部肌群的基本训练方法。完成这一练习的正确方法是,仰卧在地面上,在肩部下面垫一个垫子。双脚移向臀部。在双手的支撑下弯起背部,让双腿与头顶(顶在垫子上)——不要用肩部,支撑起你的身体。保持这一姿势,双手分开,与肩同宽,握住一个较轻的杠铃,从面前移到胸部,伸直手臂将其举起。保持这一姿势,举着杠铃,仅仅用颈部的力量放低肩部,直到肩部几乎

接触地面。然后，用颈部的力量将肩部抬起，直到再一次用头顶来承受重量。（切记，开始训练的 2 周内不要使用杠铃的重量。）这一练习能够有效地让颈部更加强壮、肌肉发达。李小龙建议在开始时使用 15 磅的配重重量，重复 8 ~ 10 次。

2. 直立上拉

直立上拉用来专门训练斜方肌和三角肌前束，同时也有助于锻炼上背部和臂部的肌群。掌心朝向身体，握住杠铃。双手距离要窄一些，手臂伸直，让杠铃置于大腿前方。在动作过程中肘部要始终保持位于杠铃的上方，将杠铃经过腹部、胸部一直上提到下颚或咽喉处。练习过程中双腿与身体要始终挺直。从垂在大腿前的位置一直提到下颚处，应该是一个完整的动作。重复 8 ~ 12 次。

3. 站姿（坐姿）杠铃推举

双手分开，与肩同宽，握住杠铃举至肩部。然后将杠铃推举至头上，直到双臂完全伸直。重复 8 ~ 12 次。这一练习对于强化肩部肌群、上背部分肌群、上臂伸肌（肱三头肌）非常有效。

4. 挺举

挺举的正确方法是，双脚分开，约与肩同宽，这样在你把杠铃举到胸部的过程中，双腿就能提供良好的动力。双脚站在杠铃杆的正下方，双腿大幅度弯曲，但不要弯曲到大腿与地面平行的程度。背部挺直，但并非意味着保持绝对垂直或水平，是说脊骨要挺直而不要弯曲。双手分开，比肩略宽，双臂完全伸直，最初的提拉动作是由腿部与背部发力的。当你把杠铃从地面提起的时候，杠铃重量必须平均地分布于双脚，不要过分靠前或靠后。动作要充满力量，双腿与背部迅速挺直。用力上提的同时膝关节迅速地略微降低，让胸部去接住杠铃，使杠铃压在胸部上方位置，同时双腿迅速挺直。这一切都是由一个迅速而连贯的动作完成的。当你伸直腿部时，大腿放松，胸部抬高，双肩向后打开并下沉。用手掌根部托住杠铃，前臂竖直，准备将杠铃推举到头上（参见上文的颈前推举）。重复 8 ~ 12 次。

5. 颈后推举

李小龙有时会进行坐姿杠铃推举的变化形式：颈后推举。这个练习与颈前推举几乎一样，唯一的区别在于将杠铃由胸前推举到头部上方后，要

把杠铃放回到头部后方，置于颈后。身体保持直立，再次将杠铃推举到头上，双臂伸直，然后以同样的速度将杠铃放回至颈后。要注意在练习过程中始终保持上身直立。推举时吸气，放下杠铃时呼气。重复 8 ~ 12 次。

6. 坐姿肩部推举（马西牌循环训练器）

与站姿杠铃推举一样，坐姿肩部推举能够锻炼三角肌前束、中束、肱三头肌，以及支撑肩胛骨运动的上背部肌群。正确方法是，在马西循环训练器肩部推举杠的两只把手之间放一条凳子。面向配重片，坐在凳子上，双腿夹紧凳子，让身体保持固定的安全姿势（你也可以背对配重片进行练习）。正握推举杠的把手，慢慢伸直手臂，将推举杠高举过头顶，手臂伸展。稍停，慢慢放下，恢复到开始姿势。重复 8 ~ 12 次。

7. 站姿哑铃飞鸟

这个训练动作能够有效地单独锻炼三角肌外侧及头与肩部肌群。既可以采用坐姿，也可以采用站姿，而李小龙的首选是站姿。要达到练习的最大效果，双脚微分，直立，双手握哑铃，使其自然垂在大腿前方。双臂保持伸直，腰部不要后倾，从体侧举起哑铃，掌心向下，直到双手与肩部持平。稍停 2 秒，同时旋转哑铃，变成掌心向上。然后抬高哑铃，手臂仍然保持挺直，举到头部上方。沿来路返回，恢复到开始姿势，再重复，注意与肩部持平时要稍停。推举时吸气，放低时呼气。重复 8 ~ 12 次。

李小龙胸部训练的10种方法

李小龙并不想练成健美运动员那样大块头的胸肌，理由很简单，它不实用。反之，李小龙认为过分发达的胸肌其实是一种阻碍，使你在突然出拳时无法很好地掩饰自己的动作。当然，李小龙也承认锻炼强壮胸肌的重要性。他意识到，即使移动手臂穿过身体中线击出一拳，也需要收缩胸肌。出拳的任何一种形式都要用到胸肌，如上击拳、勾拳、交叉拳。它们的基本功能都是拉动手臂从身体外侧向内侧运动。

李小龙把胸肌训练内容的范围缩小到几种仰卧推举练习的变化形式，以及两种单独的练习动作。下面是李小龙为他的弟子丹·伊鲁山度制定的训练计划，从中可以看出李小龙关于胸肌的知识受到了一些特定训练方法的影响。

胸部训练

1. 仰卧推举

仰卧推举的正确方法是：仰卧在平凳上，肩部紧贴平凳。宽握杠铃并举起，双臂伸直。将杠铃放下至胸部，然后高举过头顶，注意，杠铃要举到胸部上方，放下时不要过于前倾以致落在腹部。杠铃放低至胸部时深吸气，完全举起杠铃时呼气。重复6～12次。

2. 马西训练器推举

这个练习可以在平凳、上斜板、下斜板上进行，其效果在使用杠铃时都是一样的。马西训练器推举能够锻炼整个胸部肌群，健美界认为（虽然未经证实）：上斜板推举锻炼胸肌上部，下斜板推举锻炼胸肌的下部与外部。这三种姿势都能有效地锻炼三角肌前束与中束、肱三头肌、上背部肌群。因为李小龙在马西训练器练习时使用的是平凳，所以我们在这里重点介绍这种方式。

在马西牌循环训练器肩部推举架的两只把手之间放一条短凳，恰好使你在仰卧时肩部位于把手的正下方。正握把手，双手握在

把手的中部。手臂伸直，将把手举起至肩部的正上方。做动作时，双肘保持张开。慢慢弯曲手臂，将重量放低，直到双手降至肩部的高度。不要大幅增加配重片的重量，慢慢将把手举高，直到手臂再次伸直。重复6～12次。

3. 下斜板推举

下斜板推举是每个健美运动员都应该采用的训练方法，因为没有任何练习能够像它那样有效地塑造胸肌下部的轮廓。要进行这一练习，需要一个特殊的下斜板，在末端有一个脚托滚轴，能够把脚勾在滚轴下以固定身体。将杠铃从架上举起，双臂伸直，将杠铃举至胸部上方，保持控制力与平衡。然后慢慢将杠铃放低至胸部前方。稍停，再次将杠铃平稳地举起至开始位置。重复6～12次。

4. 上斜板推举

上斜板推举可以使用杠铃，也可以使用哑铃，是练成李小龙那结实宽厚、引人注目的三角肌的关键训练方法。需要有一个专门的带有配重支架的上斜板。仰卧在上斜板上，双手分开与肩同宽，握住杠铃。完全伸直手臂，将杠铃从支架上举起。伸直手臂后在此位置稍停，保持住平衡。慢慢地、平稳地将杠铃放下至胸部上方。在此位置稍停，然后再次举起杠铃，恢复到开始姿势。重复8～12次。

5. 窄握推举

进行窄握推举时双手要靠在一起。练习动作和仰卧推举完全一样，只是双手的距离不同。这个练习能够极大地增加胸肌的厚度。用力将杠铃迅速举起。当双手靠在一起时，肱三头肌得到的锻炼程度比胸肌更大。重复6～12次。

6. 哑铃推举

杠铃仰卧推举的另一种变化形式是双手持哑铃做推举练习。用哑铃代替杠铃进行推举，肌肉能够得到更大程度的伸展，肘部可以下降得更低，从而增加肌肉收缩的动作幅度。重复8～12次。

7. 屈臂上提

正确进行屈臂上提的方法是仰卧在平凳上，握住杠铃。双臂伸直，将杠铃举至胸部上方，肘部微屈。从这个姿势开始，手臂降低至头后方（肘部保持微屈），直到背阔肌充分伸展。然后将杠铃重新举起至胸部上方。放低杠铃至背肌充分伸展时吸气，将杠铃举到胸上方时呼气。重复8～12次。

8. 下斜板上提

这是上提练习的一种变化形式，下斜角度能够使胸肌的外围与下方轮廓更加清晰。健身界权威乔·魏德说，这比其他胸肌练习方法更有效果。练习动作与屈臂上提完全一样，唯一的区别在于使用下斜板。重复8～12次。

9. 哑铃飞鸟

这是专门训练胸肌的首选独立动作。仰卧在平凳上，手握一副哑铃，双臂伸直，将哑铃举起至胸部上方。膝盖弯曲，将双脚收至臀部附近。肘部微弯，放低哑铃，直到胸肌

充分伸展。再由此位置开始，仅仅使用胸肌的力量将哑铃重新举起，沿大弧线恢复到开始姿势（类似于环抱一棵大树的动作），不要把这个练习变成推举。重复 8 ~ 12 次。

10. 拉力器单侧夹胸

李小龙在香港收到马西牌循环训练器之后，就开始频繁地使用拉力器来进行形体训练。拉力器与滑轮能让他的胸肌得到更大幅度的伸展。由于在动作过程中始终

提供抗阻力，所以在每组练习中都可以持续给肌肉施以张力。双手掌心向下，分别握住两个拉力器把手，身体向前微倾。双臂向各自一侧朝外伸直，再向相对的方向用力拉动，使双手在体前交叉，继续拉动把手，直到胸肌充分收缩。在此位置稍停，然后放松力量，让双臂回到开始位置。李小龙经常使用拉力器训练，因为他意识到拉力器除了提高胸肌的轮廓清晰度以外，还能增强胸肌力量，使他能够击出各种有力的拳法。重复 6 ~ 12 次。

李小龙背部训练的 11 种方法

我第一次也是唯一一次听到观众对一个人的体形发出惊呼是在 16 岁。当时我坐在一家拥挤的电影院里，看到《猛龙过江》里赤裸上身的李小龙正在做清晨的热身运动。在这个场景中，李小龙站在公寓阳台上，先做了双手互压的静力练习，然后充分地伸展背肌，就在这一瞬间，他从一名身材精壮的武术家变成了一个超人！现场观众立刻对这一转变发出齐声惊呼，李小龙的这一形象直到今天还深刻在我的脑海中。

李小龙拥有线条极为突出的背肌（专业术语为上背部的背阔肌）和漂

亮的"V"字形身材。无疑,这一部分是先天条件所致,李小龙天生拥有较宽的肩膀和较细的腰身,即倒锥形身材。不过,要想保持并加强背肌仍然需要严格的训练。以下是李小龙强化自己背阔肌与背部其他肌群的训练方法。

上背部训练

1. 划船(俯身杠铃划船)

握住杠铃,从地面上将其提起,身体直立将杠铃停置于大腿前方。双脚分开约8英寸,髋部弯曲,俯身,背部尽量挺直。保持这一姿势。弯曲双臂,将杠铃提至胸部下方,肘部向后,就像划船一样。杠铃提起至接触肋骨。提起时吸气,放下时呼气。

2. 单臂低滑轮划船

这一练习是锻炼背阔肌的有效方法,一些业内人士认为它能让背阔肌的下端和附着端感受到更强大的压力。同时能拉伸三角肌后束、肱二头肌、肱肌及前臂屈肌等肌群。进行这一练习的正确方法是,握住拉力器的一只把手,拉力器的另一端绕过低滑轮。右手握住把手,由低滑轮处向后退2.5~3.0英尺。右腿迈向

低滑轮，弯曲至与地面约成 30 度角。左腿向后伸出，保持挺直。握住把手的右手置于右膝上，左臂向滑轮方向伸出。右手掌心向下，将手慢慢拉向腰部一侧，同时旋转手腕，在动作结束时变成掌心向上。慢慢恢复到开始姿势。重复 12 次，然后换至左手，重复练习。每只手每组进行同样次数的练习。

3. 单臂哑铃（壶铃）划船

壶铃就像一个有把手（如同手提箱把手一样）的哑铃，把手的两端连接着配重物。你可以使用壶铃进行哑铃训练动作，避免不必要的手腕受伤，并且可以扩大传统哑铃训练的有效动作范围。进行多种划船动作时，单臂哑铃划船或手握壶铃可以直接

强化背阔肌、斜方肌、三角肌后束、肱二头肌、肱肌、前臂屈肌，同时可以带动锻炼背部其他肌肉。进行这一练习时，将重量适当的壶铃放在地板上，靠近平凳。左手握壶铃，右手置于平凳以支撑上身，保持上身与地面平行的姿势（在整体练习过程中都要保持这一姿势）。右脚在前，左脚在后，手臂伸直，将壶铃提离地面 1～2 英寸。肘部向后，慢慢提起壶铃，让它的内侧接触到上身体侧。左肩向上转动，慢慢将壶铃放低到开始位置。重复 8～12 次，变换身体姿势，右手握壶铃，重复同样的次数。

4. 负重出拳

李小龙经常手持轻重量哑铃进行各种各样的拳法训练。在他看来，这

一练习不仅能让出拳更加迅猛,而且能够有效地锻炼背阔肌。站立,背部挺直,手持两只哑铃置于胸前。右脚向前,左臂出拳,然后左脚在前,右臂出拳。当然,这只是这项练习的一种方式。你还可以用任何一种自己喜欢的姿势进行多达100次的练习。

5. 颈后下拉

李小龙在1973年1月装配好马西牌循环训练器以后,就把颈后下拉作为一项常规训练内容。进行这一练习时,需要有一个高滑轮和一只曲杆杠铃,曲杆杠铃可以使你施展更大的动作范围。颈后下拉能够锻炼背阔肌及所有相关肌群,增强由臂伸肌、内收肌、内旋肌产生的握力。在下拉

动作中，三角肌前束与大圆肌共同配合背阔肌发力，同时，胸大肌、肱二头肌中头、喙肱肌、小圆肌、冈下肌也共同作用。开始时，斜方肌上部和肩胛骨提肌也会参与发力。下拉快结束时，菱形肌与斜方肌的中部、下部会参与发力。

进行这一练习时，跪在训练器前方，双手掌心向下宽握曲杆杠铃，双臂向上将曲杆杠铃举至头部上方，同时双臂完全伸直。从此姿势开始，慢慢将曲杆杠铃下拉至颈后，始终保持面部向前。在肌肉充分收缩的最低位置稍停一两秒，然后慢慢让曲杆杠铃向上回到双臂充分伸直的位置。根据马西牌循环训练器的使用说明书，你应该在30秒内尽可能多地重复这一练习。

6. 引体向上（正手）

引体向上是李小龙最喜欢的背部训练方法之一，不需要滑轮或其他配重设备。李小龙进行了多年的引体向上练习，并且交替进行颈后引体向上（让横杠接触到颈后部）与颈前引体向上（让下颚抬至横杠上方）。据李小龙在奥克兰的好友与训练同伴李鸿新回忆，李小龙还会做其他变化形式的引体向上,"他异常强壮。我清楚地记得在奥克兰时,有一天亲眼看到他做了 50 次单臂引体向上。太不可思议了!还有一次,我看到他在做完 50 次宽握(正握)引体向上后又做了 50 次双杠臂屈伸!"很显然,这需要强大的力量支撑,不过和所有运动员一样,李小龙也是经过多年的训练才逐步达到这种水平的。当然,李小龙最常使用的背肌训练方法还是标准的引体向上。他采用典型的掌心向前正握横杠,指关节向上,双手分开略比肩宽。脚跟朝向正后方,避免身体向前晃动,将身体向上拉,直至胸部接触横杠,然后身体降低至开始位置。如果你能够完成 3 组,每组 8 或 10 次,就已经很不错了。在此基础上,在腰部或弯曲的膝盖后方悬挂配重片,增加练习负荷。

7. 颈后引体向上

颈后引体向上是李小龙所采用的一种变化形式。这项练习是标准引体向上的升级版本。上拉时让颈部后方,而不是让胸部接触横杠。但这两种都是锻炼背部肌群,特别是背阔肌的最佳方法。重复 8~12 次。

下背部训练

8. 体前屈

虽然李小龙曾经在进行这一练习时背部受到了严重损伤(参见"20 分钟力量与形体塑造计划"部分),但那次意外主要是由于不当的热身训练,而非由动作本身所致。在进行这一练习之前,应该提前注意李小龙对这次受伤的回顾以及从中得到的教训。

利用负荷重量进行体前屈实在是太蠢,其实只需一个空杠铃杆就足够。

在受伤之前,体前屈是李小龙每周三次重量训练中的主要内容。要安

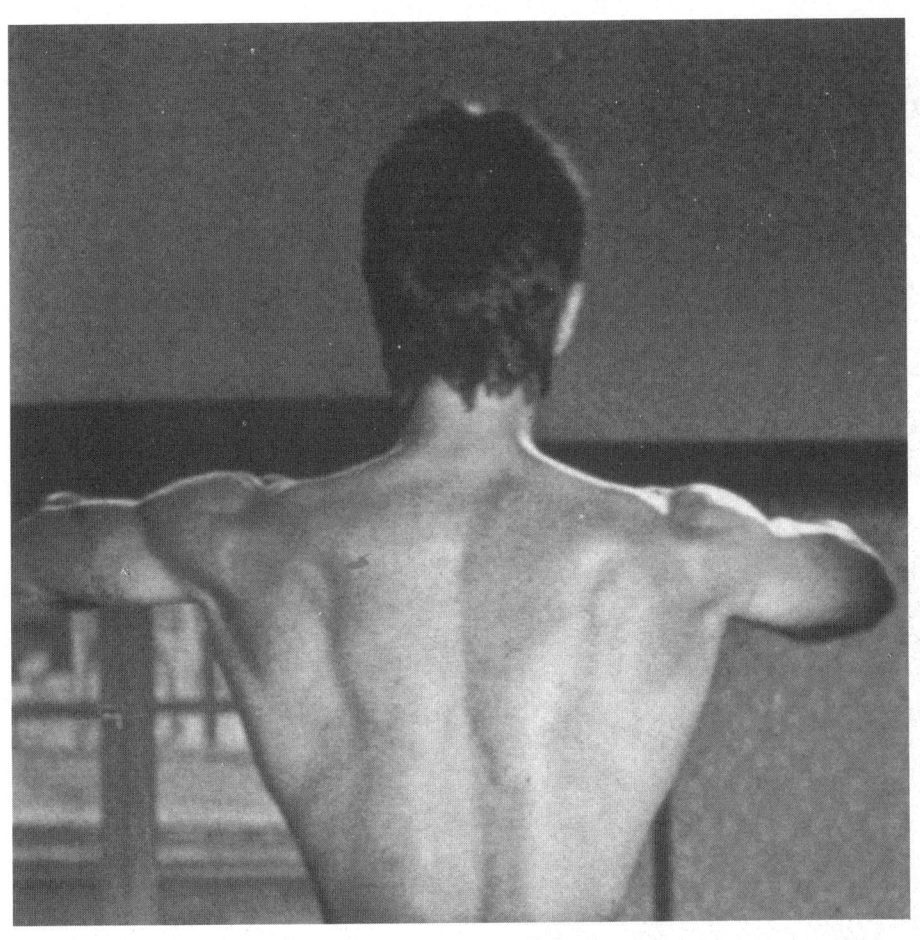

全地进行这一练习,首先要使用较轻的配重进行充分热身。当你的背部(腰部)肌肉得到充分活动后,你可以增加一点重量,如果愿意的话,给下背部更多的负荷。双腿分开,与肩同宽,将杠铃置于颈后,架在肩上。上身向前倾,头部始终朝前,以防杠铃从颈后滚落到地上。尽量前倾,使上身与双腿成90度直角。然后恢复到开始姿势。重复8次。俯身时呼气,起身时吸气。这是锻炼下背肌群的有效方式,并且能够充分伸展腿筋(如大腿后侧的长腱),使你能够更自如地完成各种动作姿势。建议开始时使用20磅重量。李小龙在那次受伤时使用的是135磅,这相当于他当时的体重。

9. 背屈伸（山羊挺身）

背屈伸直接作用于腘绳肌、臀大肌、竖脊肌，附带锻炼背部其他肌群。俯卧在腹背训练凳上，髋部靠在大垫上。身体前倾，脚踝固定在身后小垫之下。动作过程中双腿保持伸直，双手放在头后或颈后，上身下俯到比髋部更低的位置，使用下背部肌群、臀部肌群、腘绳肌的力量将上身抬起，就像反向的仰卧起坐一样，直到上身达到与地面平行的位置。然后慢慢恢复到开始姿势。重复8～12次。如果你没有腹背训练凳，也可以找一个同伴来进行这项练习。俯身，将双腿搭在一个高训练凳或结实的桌子上。让同伴压住你的脚踝，控制住你的双腿。要想增加训练负荷，可以在练习时将一或两个杠铃片放在头部与颈部后方。重复8～12次。

10. 硬拉（屈腿）

这个练习是锻炼背部肌肉、增强整体力量的最佳方法。可以直接锻炼竖脊肌、臀部肌群、股四头肌、前臂屈肌及斜方肌。附带锻炼全身各部位的其他肌群，特别是背部肌群与腘绳肌。进行这一练习时，将杠铃放在地面上。双脚分开，约与肩宽，脚尖向前，小腿胫骨接触杠铃杆，俯身，双手分开，与肩同宽，正握杠铃。在整个动作过程中，双臂始终保持伸直。背部挺直，髋部下沉，保持正确的提拉姿势。肩部高于髋部位置，髋部高于膝部位置。慢慢将杠铃从地面上提起至大腿上方，双腿伸直，进而挺直上身，直立，双臂伸直下垂于体侧，杠铃置于大腿前方。沿同样的路线慢慢将杠铃放回至地面。重复8～12次。

11. 直腿硬拉

李小龙曾在1969年间采用直腿硬拉的练习方法。他发现这一练习对于锻炼下背肌群特别有效，有助于提高投摔之类的武术技术动作（如柔道、摔跤、柔术中的一些技术动作）。进行这一练习时，牢牢正握杠铃，将其提至大腿前方。双臂与双腿保持挺直，身体前倾，直至杠铃几近接触地面。毫不停留，立刻恢复直立姿势，双肩向后打开。重复8～12次。这是一种能够锻炼几乎所有背部肌群的综合练习方法。上提时吸气，放低时呼气。

李小龙臂部训练的 11 种方法

正如我们所看到的,李小龙拥有非常发达的臂肌。每当他挥动手臂对着对手做动作时,臂部肌肉就会一条一条地隆起。他的肱二头肌线条清晰,非常厚实,肱三头肌(特别是外头与侧头)的线条轮廓也非常明显。他锻炼臂部并不只是为了好看,肌肉的漂亮外形仅仅是他为了增强力量而进行训练的附加效果。

李小龙把臂部训练分为两个部分:一部分针对肱二头肌,另一部分针对肱三头肌。本章将要介绍李小龙在这两方面总结出来的最有效的练习方法。

肱二头肌训练

1. 引体向上（掌心向上）

长期以来，引体向上被看作锻炼背部肌群的有效方法，其实它也可以帮助锻炼并增强肱二头肌。要充分刺激肱二头肌，练习时应掌心向内（反手），双手握距应较窄。向上跳起，双手反握横杠（双手相距只有6~8英寸）。双臂完全伸直。双腿可以伸直，也可以弯曲并交叉。弯曲双臂，慢慢将身体向上拉至横杠处，直到下颚高于横杠。保持手臂收缩姿势，稍后降低至开始位置。

2. 站姿杠铃弯举

双手分开，与肩同宽，掌心向前，握住杠铃，直立，双臂下垂，使杠铃置于大腿前方，肘部保持挺直。身体保持直立，弯屈肘部，慢慢将杠铃弯举至肩部，上臂保持不动。把杠铃举到下颚处，用力弯臂，保持最大的肌肉收缩，然后慢慢将杠铃放低至开始位置。

3. 单臂哑铃弯举

许多人认为使用哑铃练习时能够让肱二头肌达到更大的收缩程度，当进行单臂哑铃俯身弯举时更是如此。李小龙经常在家中，在他自己的办公室里，进行这一练

习，他总是把一对 35 磅的哑铃放在手边。只要想起，就会随时进行各种形式的哑铃练习来刺激肱二头肌，增加围度与力量。进行这一练习时，向前俯身，使上身与地面几乎平行，然后提起哑铃。上身保持前倾姿势，用常规方法弯举哑铃，记住，在动作结束时，向内旋转手腕。保持肌肉收缩片刻，然后慢慢放低哑铃到开始位置。这个练习非常难，但是非常有效，可以练就完美的臂部肌肉。

4. 站姿拉力器弯举（马西牌循环训练器）

当李小龙在香港九龙塘家中将马西牌循环训练器安装好之后，他最喜欢的一种练习就是站姿拉力器弯举。在这种方法中使用低滑轮的好处是能够在整个动作过程中向肱二头肌持续不断地施加抗阻力。而在使用杠铃或哑铃练习时，肱二头肌所承受的有效抗力是会变化的，并且感受非常明显，其原因在于杠杆作用中的力量变化（从动作开始时的零抗力，不断变化至杠铃降到肩膀时再次产生的零抗力）。这一练习主要锻炼肱二头肌，附带锻

炼肱肌与前臂屈肌。

握住拉力器的两个把手，拉力器的另一端绕过马西牌循环训练器的两个低滑轮。李小龙会保持直立，双臂下垂于体侧。双脚分开，与肩同宽，距离低滑轮 1.0 ~ 1.5 英尺处站立。上臂紧贴在上身体侧，在整个练习过程中与上身一起保持不动。仅仅使用肱二头肌的力量，用右手将拉力器由大腿前方沿半圆形弧线向上拉到下颚下方。左手在体侧保持不动，然后将右臂放低至开始位置，同时左手向上弯举。李小龙以这种交互摆动手臂的方式进行练习，每只手臂重复 8 ~ 12 次。

5. 哑铃旋臂

除了肱二头肌之外，哑铃旋臂还锻炼前臂、腕部、肱三头肌、肱肌。手握哑铃在体前沿垂直面进行充分旋转，手腕沿向外的弧线向上旋转，再沿向内的弧线向下旋转，交替进行。不需要太多的负荷重量就可以收获明显的效果。在练习结束时如果你想更多地刺激臂部肌肉，再坚持多做 3 组，每组重复尽可能多的次数。

6. 直立上拉

这项练习长期以来被认为是锻炼三角肌与肱肌的最佳练习方法。其实它对于锻炼肱二头肌也相当有效。双手握住杠铃（双手间距离约 6 ~ 8 英寸），直立，将杠铃稳稳地上提至下颚。在这个充分收缩的位置上短暂停留，然后将杠铃放回至开始位置。重复 8 ~ 12 次。

肱三头肌训练

肱三头肌,正如它的名字一样,是上臂后侧由三个部分组成的一组肌肉。如果你想要增大臂围,就必须重视训练肱三头肌。

7. 肱三头肌下拉(滑轮)

这项下拉练习锻炼整个肱三头肌(特别是肱三头肌的外头与侧头)。进行这项练习时,握住一个穿过马西牌训练器高滑轮的下拉杠。(你也可以使用一个末端向下的把手,或固定在绳索上的两个把手。)正握把手,食指相距不超过3~4英寸。距离下拉装置约6英寸站立,双臂充分弯曲,上臂紧压上半身体侧。上臂与上半身保持不动。慢慢伸直双臂,直到肱三头肌充分收缩。然后慢慢放松将下拉杠恢复至开始位置,重复8~12次。

8. 俯卧撑

传统形式的俯卧撑除了可以充分锻炼胸肌之外,也是锻炼肱三头肌的主要方法。你可以根据自己的力量水平进行各种各样的变化形式。你可以以脚撑地,或把脚抬高架在椅背上,也可以将双脚靠在墙上以手倒立姿势进行练习。在每次动作开始前让胸部接触地面,在每次动作结束时双臂完全向外打开。

9. 颈后臂屈伸

此项练习使用杠铃单独锻炼肱三头肌。你可以使用站姿或坐姿,哪种

合适舒服就用哪种。双手分开,约两掌宽,握住杠铃。将杠铃举到头部上方,然后放低置于颈后。上臂要始终靠近头侧。只有肘部可以弯曲。从放低的位置开始,使用前臂力量将杠铃举到头部上方,直到肘关节挺直。重复6～8次。李小龙也会使用低滑轮在马西牌循环训练器上进行这项练习。

10. 肱三头肌上提(杠铃身后上举)

由站立姿势开始,双手握杠铃放在身后,使之靠在大腿后侧,双臂伸直,向上举起杠铃,同时上身前倾,直到与地面平行。尽量向上举杠铃,在动作结束时再尽力向上提,使肱三头肌内头充分收缩。重复6～8次。

11. 哑铃身后上举

哑铃身后上举是单独锻炼肱三头肌的一种有效方法，但很多人觉得这种姿势不舒服。双手各握一只哑铃，身体前倾。保持俯身姿势，双臂弯曲向后且向上尽可能高举。由此位置开始，双臂伸直，就像"后踢"一样。你不需要在结束位置停留，但是要迅猛地收缩肌肉，让自己感到肱三头肌在"燃烧"。重复6~8次。

李小龙腿部训练的11种方法

最大限度地去提高腿部的力量与柔韧性。

——李小龙

如果说李小龙的腰腹是最引人注目的部位,那么他的双腿则是最有实用功能的。李小龙严格地进行腿部训练,每天都用各种方法锻炼自己的双腿。李小龙说,双腿是力量的传输系统,也是所有招式劲力的源头。例如,在出拳时,推动并产生强大击打力量的最初动力就源于脚踵跐起的后侧腿。在踢腿时,全部的力量都来自于腿、髋、躯干所形成的整体协作。支撑腿与踢击腿同时作用于目标（分别是地面和踢击目标），以达到最大效用的击打力。

李小龙写道，许多习武者的薄弱环节就在于他们的下肢。

在格斗中，膝与胫没有足够的保护，是最脆弱的部位。一旦膝、胫受伤，你就无法再继续格斗。所以要进行强化训练，防止膝、胫受伤。

为了强化腿部，使之达到力量与柔韧的最大极限，李小龙分析了各种训练方法，最终选定了下列方法。

腿部训练方法

1. 深蹲

双脚分开，约与肩同宽站立，脚尖向前。将杠铃置于颈后肩上，屈膝下蹲直到大腿与地面平行，然后再迅速恢复到直立姿势。屈膝之前深吸气，直立时呼气。每次动作前都要让空气充满肺部并停留一段时间。背部必须保持挺直，臀部不要先抬起。任何时候都决不能让背部松弛。在整个动作过程中需要保持脚跟着地。

2. 深蹲跳

李小龙有时会改变深蹲形式，进行深蹲跳的练习。这是一个弹跳动作，尽管有可能对关节造成伤害，但仍然是一种非常有效的练习方法。将杠铃置于肩上，下蹲至标准深蹲的位置。然后迅速直立并微微跳起。李小龙发现这项练习对于提高踢击"爆发力"非常有用。

3. 呼吸深蹲

为了促进新陈代谢和刺激腿部其他肌肉，李小龙采用了一种称作"呼吸深蹲"的练习方法。

首先使用较轻的负荷重量进行深蹲练习，让膝部与背部进行热身之后，将杠铃放在架上。（李小龙写道，如果你能找到一个曲杆杠铃，就能够更方便地架在肩上。）在肩上放一副垫子，或把垫子裹在杠铃杆上，站在杠铃下方。直立。向后两三步。不要向后太多，以免使自己在深蹲时撞到架子。抬头，背部尽量挺直。双眼直视墙上假想的一点。这会帮助你保持背部挺直。

深呼吸三次，让肺部吸入尽可能多的空气。第三次吸气后憋住气，深蹲至大腿与地面平行，然后尽可能

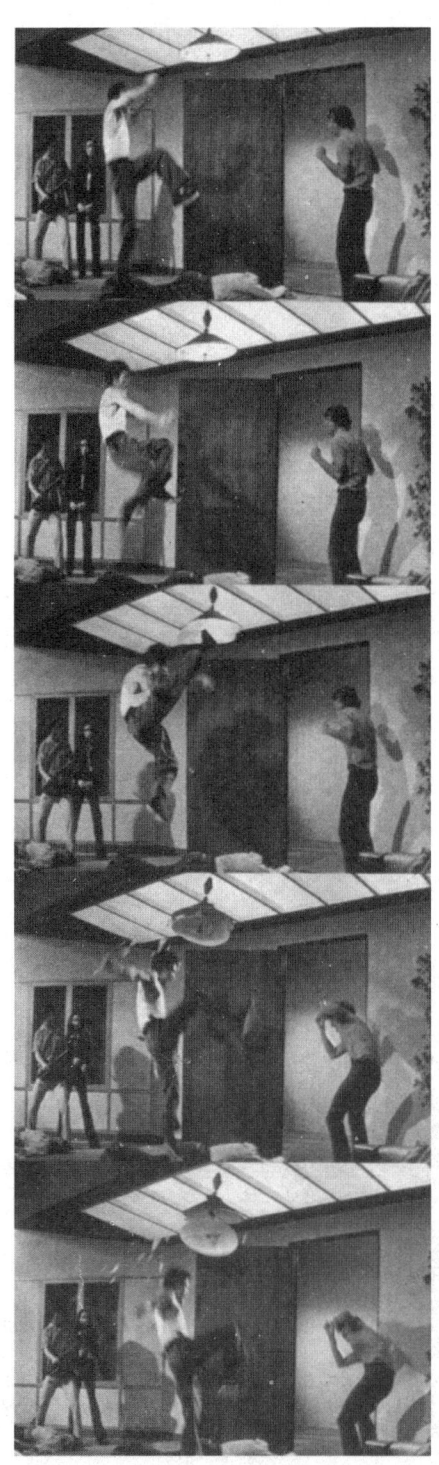

用力、迅速地站起来，不要在深蹲位置上停留。几乎站直时用力呼气。进行三次更深度的呼吸。憋住第三口气，再深蹲。重复20次。要尽最大努力进行15次深蹲，近乎达到自己的极限；然后强迫自己继续练习，直到完成20次。结束一组后会感到筋疲力尽。这是最艰苦的一项练习，但一定要坚持完成。

4. 杰弗逊深蹲（跨步深蹲）

李小龙有时会进行杰弗逊深蹲，也叫跨步深蹲。右脚向前，双脚分开24英寸。双手分开，略比肩宽，右手在前、左手在后握住杠铃。上半身挺直，膝与髋弯曲下蹲。举着杠铃站立起来，双臂肘部保持不动，膝与髋伸直，身体站直。然后，身体保持挺直，膝盖弯曲，让身体降低4英寸，不做任何停留，立刻重新站直。在这个腿部练习动作中，只有膝盖弯曲，身体的任何前倾动作都会降低练习的效果。整个练习要有节奏，并且动作相当迅速。跨步深蹲对于锻炼大腿与臀部肌肉特别有效。重点在于保持脊骨挺直，膝盖弯曲，让身体仅仅降低4英寸。这样很快就可以在练习中使用较重的杠铃。交换双手与双脚位置，各重复8～10次。（建议开始时使用

90磅的重量。)

5. 腿部屈伸

李小龙在派拉蒙电影公司[在此期间他曾为电影导演罗曼·波兰斯基（Roman Polanski）等人进行专门授课]与香港嘉禾电影公司期间，每次训练时都会进行腿部屈伸练习（这种练习需要一个特别的腿部屈伸训练器）。进行这一练习时，坐在训练器上，让膝盖后侧靠在垫子上（面对训练器的控制杆）。

用脚指和脚背勾住器械下方的脚托滚轴（一般有两个）。保持上身不动，握住靠近髋部两侧的扶柄，或抓住器械的垫子侧边。仅活动膝盖，在器械产生的抗阻力下伸直双腿。抬至充分收缩肌肉的最高位置，保持短暂的停留，然后放下双脚回到开始位置。重复12~20次。

6. 站姿后蹬腿（马西牌循环训练器）

这项练习锻炼股四头肌与股大肌的髋部屈伸力量，帮助稳固腰髂肋肌与腰方肌。身体前倾，腘绳肌与腓肠肌配合发力，拉动膝部向后伸。开始姿势必须是上身前倾，超过躯干和臀部的垂直线。站在蹬腿器旁边，一只脚置于其中一条轨道上的脚镫内。保持平衡，握住蹬腿器前方的垂直架，右腿用力向后蹬（模拟后踢动作）。重复12～20次，然后换腿再做此练习。

7. 坐姿举腿（马西牌循环训练器）

坐姿举腿练习是让髋部固定不动，最大限度地强化股四头肌、股肌肌群（股外侧肌、股内侧肌、股中间肌）。上身挺直，微向前倾。在蹬腿器上方放一个凳子，坐在凳子上，双脚踏在踏板上。上身挺直，双手在体侧握住座位的侧边，在练习时身体不要离开座位。双腿伸直，将脚尽可能远地推离踏板，然后在肌肉力量的控制之下慢慢恢复到开始姿势。让配重片落回原位。重复12～20次。

8. 力量配合进行单侧髋部、膝部柔韧性训练（前踢、勾踢、侧踢）

这一练习是运用髋部与大腿力量进行有力、强劲且迅猛的踢腿动作。将一条弹力皮带连接在马西训练器的低滑轮上（或墙脚滑轮的S勾上），另一端紧系在你的右脚踝上。理论上，应该以支撑腿（不做踢击动作）站在一块木板上（可以自由地摆腿，不用担心脚会踢到地面），离滑轮2.5～3.0英尺远，背对配重片。握住稳固的支架，确保自己在做练习时上身稳定。让拉力器末端的配重片将脚尽可能地向后拉，靠近滑轮方向，保持舒适的姿势。双腿绷直。使用臀屈肌、股四头肌的力量，让右脚从开始位置出发，沿半圆形弧线向前尽量高踢。动作要迅速：开始时大腿抬起，然后小腿伸展完成前踢。收回腿，再向上摆动大腿，同时伸直小腿回摆，做勾踢练习。腿收回至开始位置，这次再做侧踢练习。最后将腿收回至开始位置。每种踢法重复8～10次。用弹力皮带扣住另一只脚，换腿进行练习。也可以每种踢法重复8～10次，然后再换到下一种踢法。

小腿训练

李小龙认为，小腿肌肉需要"多次数"的练习，这意味着你必须每天进行基础练习，重复大量的次数以达到自己的目标。

9. 提踵

提踵练习能够锻炼脚部充满弹性的启动力。"脚跟、脚掌、脚尖"的启动动作主要依赖于脚部由屈到伸的弹性力量。与脚部

屈伸相关的肌肉越有力，动作就越有效率。这一练习还能够强化踝关节周围的肌腱。进行提踵练习时，双脚分开数英寸，脚尖站在一块木板上（或两本厚书，或两块砖），任何能让脚尖抬高3～4英寸厚的物体均可。脚跟下降，让脚背弓起。将杠铃置于颈后肩上。以稳定的节奏抬起再放下脚跟，脚尖支撑，尽量抬高身体，让脚踝做最大幅度的运动。刚开始时，使用空杠铃杆进行练习，第一个月做3组，每组8次，然后逐渐增加到3组，每组10次。一个月后，增加10磅的负荷重量继续训练。

10. 提踵的变化形式

李小龙在提踵时尽可能地抬高

脚踝，保持肌肉收缩1~2秒，然后将脚踝放低至地面。提踵的高度极为重要。提踵的问题在于其动作不是直接向上，有些健美运动员在提踵时上身会略微前倾，但就是这样微小的动作也会造成不良的影响。上身前倾时，重量会落在脚尖上，提踵对小腿肌肉的锻炼效果就会减弱。李小龙认为，脚尖向前进行提踵，与脚尖向外或向内进行提踵的效果有所不同。他会做几组脚尖向内的提踵练习，再做几组脚尖向外的练习，再做几组脚尖向前的练习。重复10~20个循环。

11. 坐姿提踵

李小龙认为坐姿提踵同样很有价值。以坐姿进行练习，将重量置于膝盖上，位于脚背的正上方。这一练习可锻炼腓肠肌（小腿的主要肌肉），更有利于增强下肢肌肉，提高腿部肌肉的围度与形状。在脚掌下方放一块木板，使脚踝低于脚尖。用脚掌支撑，将腿抬高，使脚踝高于脚尖。保持这一姿势，稍停，然后把脚踝降低到比脚尖更低的位置。重复10~20次。

李小龙使用的腿部训练方法

力量

1. 跑步
2. 柔韧性练习（循序渐进，先在凳子上压腿，然后做交替劈叉[①]）
3. 骑自行车[②]
4. 负重训练（深蹲、伸缩桌）

[①] 交替劈叉并不是为拉伸所做的压腿。李小龙所说的交替劈叉是指双腿直立，双脚交替向前/向后分开。膝盖保持完全挺直，右脚向前伸出，左脚向后伸出。李小龙还会同时进行臂部运动，右手与左脚同时向前，或左手与右脚同时向前。——编者注
[②] 李小龙经常使用的是一种锻炼用固定自行车。不过，任何一种自行车都有助于腿部锻炼。——编者注

锥形原则

李小龙发现一个非常有效的腿部训练原则，即锥形原则。因为下肢肌肉纤维的密度很大，大多数腿部肌肉需要进行多次数的训练才能取得最佳效果。经反复验证，对于李小龙来说，每组重复 12 次或更多，是非常有效的。在锥形原则下，你可以先完成第一组 15 次动作，然后增加重量，再做下一组 10 次或 12 次动作。再增加重量，做第三组 8 次动作，依此类推。但在进行多项训练时，每项练习每组重复 10~12 次就足够了。

第四部分

其他训练计划与饮食营养

柔韧之道

　　武术家日常训练中最重要的身体素质训练内容之一，就是柔韧性练习。李小龙总是不断提炼新的方法，来使自身更加灵活，并力求在正式的训练

开始之前,通过伸展运动彻底热身。李小龙的朋友兼弟子赫布·杰克逊说,他唯一确定李小龙每天都会坚持训练的就是伸展运动:

  在进行训练或者格斗之前,他固定、唯一且例行的练习便是伸展运动。一种从来没见过别人做过的伸展运动让我记忆犹新:我和他背靠背坐在地板上,他用肩膀用力推压我的肩膀,最后,我的脑袋都快接触到地板了。这样可以锻炼腿部的柔韧性,双方轮流进行,这是一种拉伸腿后部肌腱(腘绳肌腱)的运动。

  即使李小龙在为电影配音时,他的姿势也

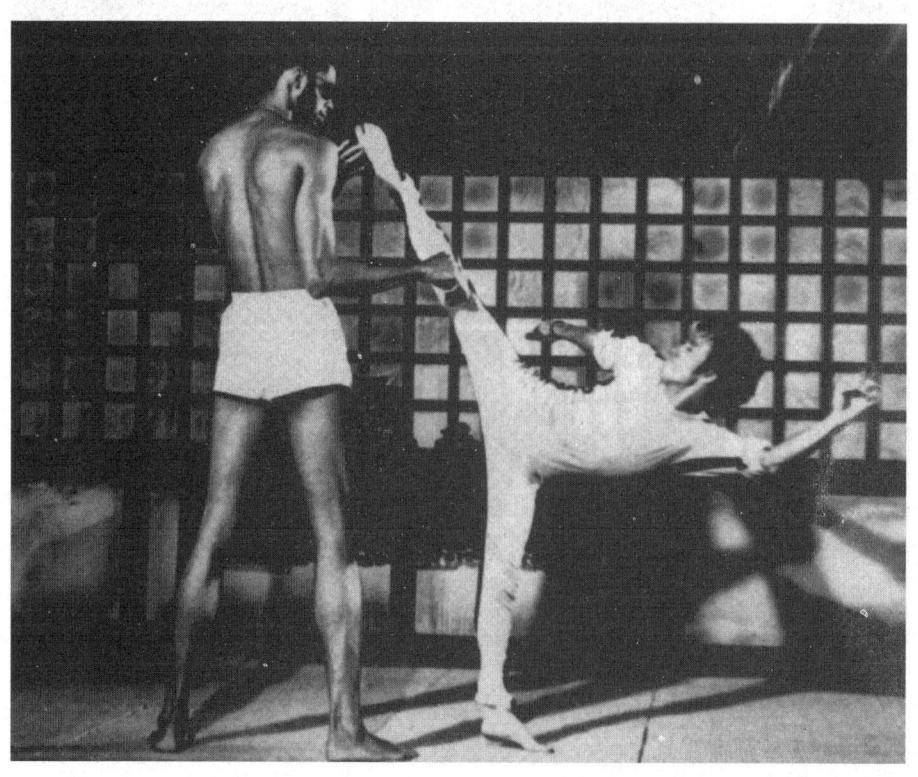

与众不同，他一只脚放在工作室的椅背上，另一条腿直立，身体向前弯曲，保持腿后部肌腱处于被拉伸的状态。在他家中的工作室里，有一个特制的拉伸杆，可以任意调节自己想要的高度，然后用两个销栓将其固定起来。得益于这个设备，即使是李小龙在看电视或者看书时，他都可以做一些简单的腿部伸展练习。事实上，在李小龙的训练计划中，身体柔韧性的练习和有氧健身训练的比重是大致相当的。

肢体柔韧的重要性是毋庸置疑的，尤其对于武术家而言。毕竟，大众对于武术练习者的一个普遍印象，便是他们可以无比灵活地跃至空中，向着对手的方向踢出颇为华丽的腿法。不过，除了截拳道、空手道、法式踢击术，以及一些中国传统北派功夫之外，其余大多武技的训练并不会特别强调柔韧性的练习。

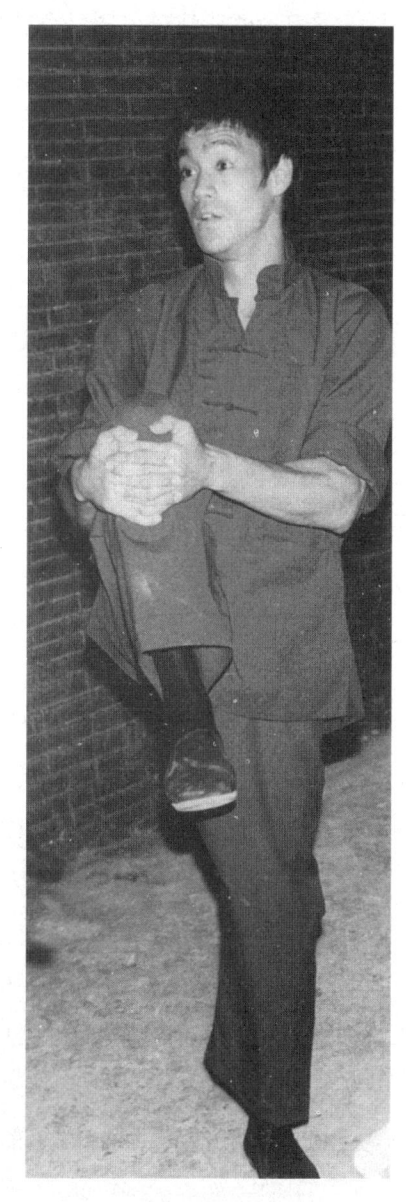

李小龙认识到身体的柔韧性主要取决于关节的稳定性和肌肉、韧带的伸缩弹性，以及覆盖在骨骼端部的关节软骨的稳定性，它们能够像减震器一样减少摩擦，缓解外界冲击。学习过解剖学和生理学的李小龙清楚地知道，特定部位的有效运动幅度，取决于与其关联的关节韧带和软骨的自然韧性和伸缩性。肩膀、髋部的球窝关节比肘部或膝部的铰链关节活动更自由，而踝部的滑动关节只能进行前后的运动，拇指处的鞍状关节则可以使其自由地进行前后或侧向活动。

通过李小龙与 NBA 巨星卡里姆·阿卜杜拉·贾巴尔对打的剧照或影像，我们可以直观地发现，李小龙已经将身体的柔韧性发挥到极致。李小龙身高仅为1.72米，但在电影《死亡的游戏》中，他能够出腿直直地踢中高达2.13米的贾巴尔的下巴。这样一个高难度的侧踢动作，李小龙竟是直接原地起腿，几乎从一个完全垂直的位置发出！这些在《死亡的游戏》现场拍摄的剧照，以及李小龙在《猛龙过江》中展示的那些令人难以置信的伸展和热身练习中（就在他进入罗马竞技场与查克·诺里斯进行格斗之前），都显露出李小龙那足以让奥运会体操运动员都艳羡的极具柔韧性的四肢。

李小龙一直大力提倡柔韧性训练，早在1963年，在他生前唯一出版的一本专著《李小龙基本中国拳法》（*Chinese Gung Fu—The Philosophical Art of Self Denfense*）中，他就用了好几页的篇幅，专门阐述保持身体柔韧性的重要性（同时还引用、绘制了一些中国武术中实现身体柔韧性的科学训练方法）。早在那时，李小龙制定的关于身体柔韧性练习的训练计划和他所掌握的系统知识，就已经大大领先了很多同时代的人。

为何要进行伸展运动

柔韧性练习应该成为日常训练课程中必不可少的一部分，以下5点是最主要的原因：

1. 伸展运动有助于健身和健康。它在现代科学健身训练中占据了1/3的比重，其余2/3分别为正确的力量训练和心血管有氧运动，比如跑步。

2. 伸展运动能够减少受伤的风险。大多数日常和运动中受的伤都来自于外伤（如摔跤、撞车，或者是跟别人相撞），或者是对关节、肌肉和结缔组织不注意保护地过度运动，这些都将导致关节脱臼或肌肉拉伤、扭伤，后者还会导致劳损。长期有规律地、渐进地进行柔韧伸展练习，将比不进行或未采用正确伸展练习方式的人，减少至少50%受伤的风险。

3. 伸展运动对于整体训练来说是较为合适的热身运动，也是很好的恢复运动。除此之外，武术训练前进行适当的伸展运动有助于改善神经肌肉的协调性。之后随即进行适当的伸展运动，可以有效减轻肌肉酸痛，加速体能的恢复。

4. 伸展运动有助于提高运动成绩。拥有柔韧和灵活的身体，才能成为更好的武术家或运动员。不然，你能够想象得出一位肌肉僵硬的体操运动员可以取得优异成绩吗？一位身体更具柔韧性的运动员，往往具有一种生理和心理上的优势。

5. 只要方法正确，进行伸展运动会令人身心愉悦舒适。你有过这种经历吗？清晨醒来，躺在床上慢慢伸展自己的整个躯体，那种感觉棒极了。事实上，通过例行的"唤醒程序"（参见第299页）进行静态的伸展运动（比如充分的伸展、放松或充分紧张地收缩某个肌肉群），就可以在早上爬出被窝之前进行！这是一种唤醒身体的极佳方式，可以为即将到来的一整天的学习和工作做好准备。

何时伸展

想要改善自己身体柔韧性的人，最好每天都做10～15分钟的伸展运动。至少保持每星期3～4次有规律的伸展练习，就能逐步改善关节和肌肉的灵活性，如果每天都进行伸展运动，则会非常快且明显地提高身体的柔韧性。正是为了保持自己的优势，李小龙每天早起第一件事就是做伸展运动，同时，在每天的其他时间里，他也会经常抓住合适的时机做伸展运动，直到这天结束。

对大多数武术家来说，做伸展运动最好的时机，就是在武术训练开始之前，但这不能只是偶然为之。很多人在运动前不注意进行柔韧伸展练习，只是快速地做几下拉伸，结束得如此之快，以至于肌腱和韧带还没完全活动开，更不要说提高身体柔韧性了。总是看见一些运动员在起跑之前简单地拉伸小腿，或者某篮球运动员在开始比赛之前匆忙地拉伸下腿部韧带，不能说这样做完全无效，但如此简单的伸展运动，对于那些真正渴望提高身体柔韧性的人来说，是没有多少用处的。

为了让伸展运动成为真正有效的热身运动，每次都需要持续 10～15 分钟，训练内容涉及全身各个部位的伸展练习。伸展运动同样也可以作为激烈的武术训练或负重练习之后的恢复运动。剧烈运动之后，10～15 分钟的伸展整理，能够有效地帮助迅速恢复体能，效果肯定不会让你失望。

对于我们大多数人来说，最佳的伸展练习时间是在晚上临睡前的一两个小时（还可以像李小龙一样，在晚上看电视的时候进行此练习）。这有助于缓解和消除一天的疲劳和压力，同时还可刺激大脑，产生能提振心情的化学物质脑内啡，感受到类似跑步运动员的那种"快感"，或者是健美运动员经历的那种"发胀感"，我们称之为"拉伸的快感"。无论如何，在经过特别有效的晚间柔韧伸展运动之后，我们将会发现自己得到了全身心的放松，也就可以享受酣实的睡眠了。

不要急于求成！

在进行柔韧训练时，不少人由于过度拉伸或是急于求成，反而欲速则不达，并在这个过程中失去了伸展运动本身的乐趣和价值。恰当的伸展运动应该是一种很柔和的运动，因此，只有柔和地进行伸展运动，才能循序渐进地产生效果。

如果伸展运动超出了肌肉或关节的活动范围，则很容易伤到自己。生物学家研究发现，我们的身体对此具有两种自我保护机制，即两种特殊类型的神经元（神经末梢）作用。其中一种神经元会在你过度拉伸肌肉时，将这一非正常状态通过疼痛信号反馈至大脑；另一种神经元所起到的保护作用，是一种被我们称为"拉伸反射"的保护机制。当此种神经元感知到你过快或过猛地进行伸展运动时，会立刻刺激大脑中枢神经自动反射性地收缩拉伸部位的肌肉，像一个缓冲器一样，在肌肉可能被拉伤之前，通知我们放慢伸展节奏、降低伸展幅度，甚至暂停此种过伸性运动。这有点类似于当你从一张高脚凳或其他高台上跳下来的时候,大腿肌肉会自动地通过收缩弯曲来减缓落地时的压力一样。

当你以不恰当的节奏或幅度贸然进行肌肉或韧带的伸展(或以一种冒失且毫无前兆的方式),拉伸反射将会被激活,于是相

应的神经元系统会向大脑反馈疼痛信息,进而本能地收缩来阻止该伸展运动的进行。因此,尽管快速、较大幅度的拉伸可以强化肌肉和韧带的伸展性,甚至可能帮助你更快取得成效,但是如果贸然而行的话,却只会带来相反的保护性反射效应。这样,由于拉伸反射效应的存在,强度过高等不恰当的伸展运动,将让你肌肉或韧带无法达到需要伸展的位置或程度,从而降低伸展运动的效果,达不到有效提高柔韧性的目的。

要完全伸展肌肉(或者关节韧带),你必须以一种渐进的方式进行舒缓地适度伸展,以避免出现反作用的拉伸反射。也就是说,要以一种轻松、柔和的方式来进行伸展运动:用30~40秒的时间来慢慢拉伸,当你

感觉到被拉伸的肌肉有点疼痛的时候,就应该停下来,并保持这种伸展状态。此时,你已达到身体允许的最大范围拉伸的临界点,不可再继续贸然拉伸,否则,那些细小的肌肉纤维将会被你强行拉开,从而导致拉伤。

相信现在你已经充分掌握进行完美的伸展运动所需要的生理知识了。所以，无论选择怎样的伸展方式，记住，一个柔韧练习动作要持续用30～40秒的时间来舒缓地进行。一旦你达到产生肌肉疼痛的拉伸临界点，就应慢慢回收动作幅度，直到不适感消失。最后，当伸展进入稍感疼痛的临界程度之后，保持不动，坚持20～30秒。之后可以再慢慢尝试坚持1～2分钟。记住此时应继继保持轻柔平稳的呼吸，身心尽量放松。然后，恢复、放松，休息1分钟，重复这一伸展运动，或者进入另一个伸展运动。

如果想让伸展练习发挥最大的成效，必须要找到适合自己的可拉伸区域（或拉伸临界点）。只有找到自己的可拉伸区域（或拉伸临界点），才能通过伸展练习达到最满意的效果。

渐进伸展

掌握一种伸展运动之后，无论身体状况如何，都应该采用渐进的方法，不要贸然去做，因为一旦过于急进，轻则使肌肉过于酸痛，重则会拉伤肌肉。

初学者需注意

初学者初次做柔韧伸展运动时，一旦达到略感疼痛的伸展临界点上，就应该稍稍放松回收，然后在这个位置最少保持20秒。按照这样的方式，每一个肌肉群的伸展练习都只需重复一次即可。从这个程度开始，逐渐延长拉伸坚持的时间（直到能够坚持1分钟），并逐渐加深拉伸的程度（直到能够达到自己可伸展区域的上限，接近疼痛的边缘）。

一旦能够做到这个程度，就可以开始在一次练习中再重复一遍同一个拉伸动作（当你第二次重复这个伸展动作时，仍然只是坚持20秒，然后逐渐增加至1分钟），也可以针对同一部位增加另一个拉伸动作（同样地，开始都只坚持20秒)。建议每次训练都针对每个部位做1分钟的伸展练习，这样每次都能在 10 ~ 15 分钟内完成该练习。根据我曾向李小龙的弟子们了解到的情况，李小龙进行柔韧伸展练习时，保持某一姿势至少30秒，至多1分钟。

柔韧性练习

李小龙不断并逐步掌握关于各项训练的科学知识，尤其是在他一直比较关注的身体柔韧性方面。每一年（有人甚至说是每一次的练习），李小龙都会采用从不同角度可以提高其身体柔韧性的新的拉伸方法，以全面增进身体的整体柔韧性和协调性。以下，是李小龙通过实践检验行之有效的一些柔韧练习方法。

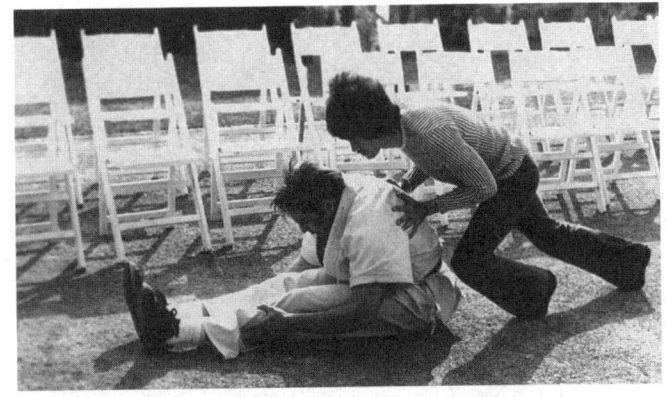

腘绳肌伸展

重点：大腿后侧的腘绳肌肌腱、韧带。

开始姿势：在这个基

本的动作练习中，双腿并拢挺直，双臂举过头顶，两手在空中交握。

伸展姿势：保持双腿挺直，屈体弯腰，用交握的两手去触摸双脚。当你能够完全做到位的时候，就应该可以使自己的上半身与大腿紧贴。

变化姿势：这个伸展练习有三种变化形式。第一种，双腿分开，屈体弯腰，用两只手臂分别抱住双腿。第二种，轻柔地向身体一侧弯腰，然后缓缓地将身体往下，直至双手抓住该侧腿的脚踝。第三种，双腿并拢挺直，屈体弯腰，直到下巴与小腿胫骨平齐。

腘绳肌伸展（同伴配合）

重点：大腿后侧的腘绳肌肌腱、韧带。

开始姿势：保持双腿挺直，单脚站立，同伴托抓住另一只脚，或者将另一只脚置于桌面或其他稍高且平整的物体上。赫布·杰克逊就曾发明了一种可供李小龙随时放置一只脚并进行拉伸的训练器材，即使是在他看书的时候。在这个练习中，要始终保持身体躯干相对挺直，同时一只手臂前探进行拉伸。

伸展姿势：柔缓地向前屈体弯腰，将躯干靠向大腿伸展下压。整个练习中，要始终保持双腿和身体挺直。

跨栏式伸展

重点：腘绳肌和腹股沟部位的肌肉、肌腱和韧带。

开始姿势：坐在地板上，右腿前伸，并在整个练习中保持挺直。然后，将左腿置于身后，与右腿呈弯曲90度，跪在地板上。身体挺直，手臂向前直直延伸，与地面平行。

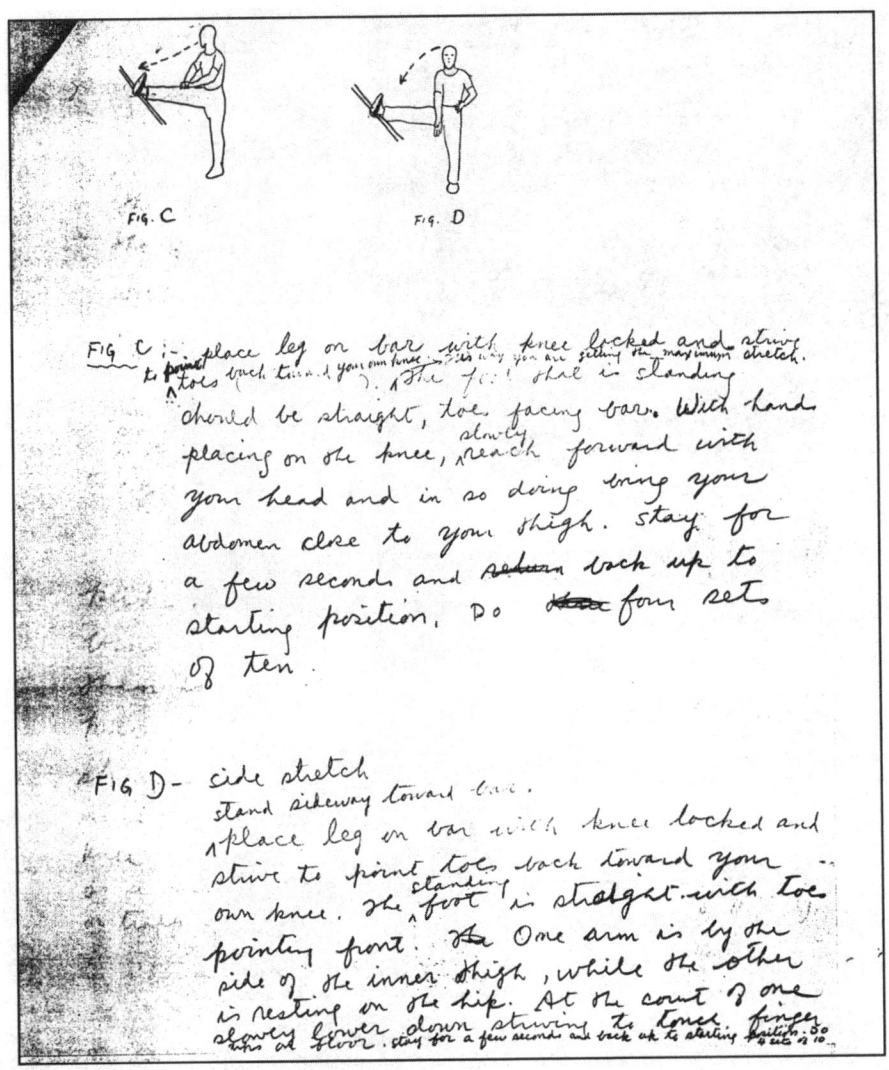

伸展姿势： 慢慢地向前弯腰，双手抓住脚踝，柔缓地将上身向下拉压，靠向右腿，直到上半身贴紧右侧大腿。完成一个练习后，换左腿前置，并做同样的伸展运动。

变化姿势： 这个伸展运动还可以一只腿直直地前伸，另一只腿张开伸直，与之呈90度角做此练习。另有一种李小龙曾经采用过的变化姿势，是将一腿笔直前伸，另一腿侧弯，将脚底置于直伸腿的大腿内侧完成此伸展练习。

坐式腹股沟伸展

重点：腹股沟和大腿内侧全部肌腱及韧带。

开始姿势：坐在地板上，双腿尽量弯曲收拢（最理想的状态是双脚脚后跟能够靠近骨盆部位），膝盖并合，并用双手分别握住小腿。在整个伸展过程中始终保持身体挺直。

伸展姿势：双手用力慢慢地将两膝分开下压，直到双膝尽可能地靠近地面或接触地面。

站立式髋关节伸展

重点：髋关节和臀部肌腱及韧带。

开始姿势：右腿直立，左腿弯曲，向上提膝，直到能用双手抓住左膝。在整个动作过程中，始终保持右腿挺直，并维持身体平衡。

伸展姿势：柔缓地向上提拉膝部，直到髋关节和臀部肌腱及韧带所能达到的最大活动范围。完成动作后，交换另一条腿进行同样的伸展动作。

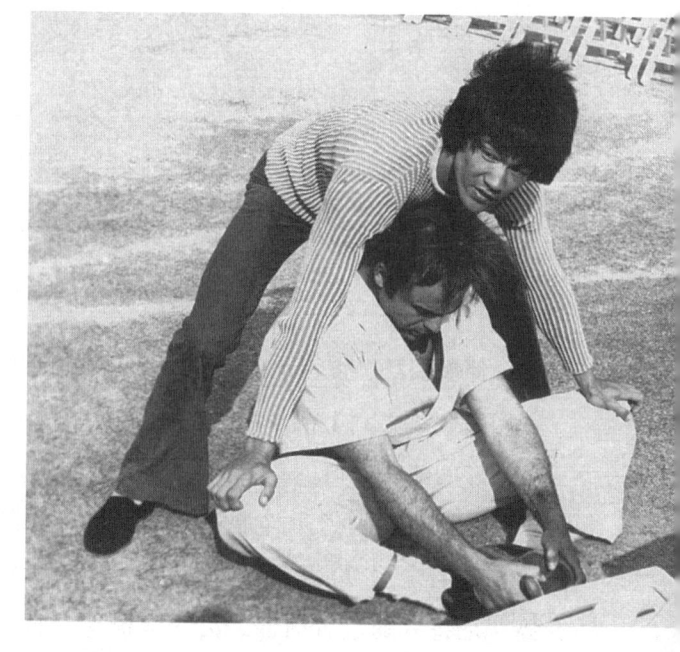

站立式滑轮辅助伸展

由于涉及器材问题，因此有必要提前对训练器材做些说明。将一个或两个滑轮固定到天花板上（如果是使用两个滑轮，滑轮间的距离约为5英尺），用一条细小但结实的绳子穿过，绳子的两头应分别垂落到地面。然后，固定好绳子的两端，要确保脚套在绳子上训练时，能够感到舒适。

重点：有助于让身体变得柔韧，可以同时有效地伸展腹股沟、臀部和腿后部的肌肉。这个练习还可以帮助强化腿部肌肉力量，提高踢击的准确性。

开始姿势：将一只脚套在绳子的一端，然后用双手向下拽住绳子的另一端。

伸展姿势：连续性地向上拉伸套在绳子上的腿部，从正面拉伸，或从侧面拉伸均可。当觉得有必要增加腿部拉伸幅度时，可用双手慢慢拉扯绳子逐步提升高度。

变化姿势：可以只用一只手来拉扯绳子，通过控腿训练来练习、改善和强化各个方向上正确的踢击动作和技巧。

弓步伸展

重点：髋部、臀部和大腿前侧的所有肌肉。

开始姿势：直立，双手叉腰。

伸展姿势：任意一条腿向前迈出，尽可能充分地弯曲，同时，另一条腿向后保持挺直。保持这个姿势至需要的时间，然后换另一条腿重复这个拉伸动作。

变化姿势：弓步伸展除了可以将一条腿向前迈出做练习之外，也可将一条腿迈向侧面来进行练习，这个变化练习可以更直接地锻炼到大腿内侧的肌肉。

大腿伸展

重点：股四头肌（大腿前侧）。

开始姿势：左腿直立，并始终保持平衡。在身体后侧用右手抓住右脚脚踝。

伸展姿势：抓住脚踝，慢慢向上提拉，以伸展你的大腿前侧肌肉。

变化姿势：这个伸展运动还可用跪姿完成，身体向后靠，用手臂支撑上体。在这个变化伸展中，可以通过稍微弯曲你的胳膊来增加伸展的强度，但注意不要过度。

小腿伸展

重点：伸展并锻炼小腿后侧所有肌肉的柔韧度。

开始姿势：面向同伴或者墙壁，将双手放在同伴的肩上，或墙壁上与肩同高的位置。将右脚脚掌贴地向后伸，直到与身体和手臂几乎形成一条斜直线，同时，左腿保持弯曲。

伸展姿势：轻缓地将脚后跟向地面压，以拉伸小腿。如果能顺利地将脚后跟平压到地面上的话，就将脚再往后撤4～6英寸，以加深伸展的幅度。记住，两条腿的小腿都要以同样的方式进行交替伸展。

下背部伸展（同伴配合）

重点：下背部的肌肉。

开始姿势：坐下，面对同伴。双腿伸直，左右分开，同时让同伴以双脚脚掌分别撑在左右小腿处。上体稍向前倾，双手分别紧握住同伴的双手。

伸展姿势：同伴用力拉住他/她的手臂，同时上半身向后靠，柔缓地拉动对方向前，以帮助他/她拉伸上背部和下背部的肌肉。当其中一人充分伸展之后，以同样的方式交换另一个人进行拉伸。

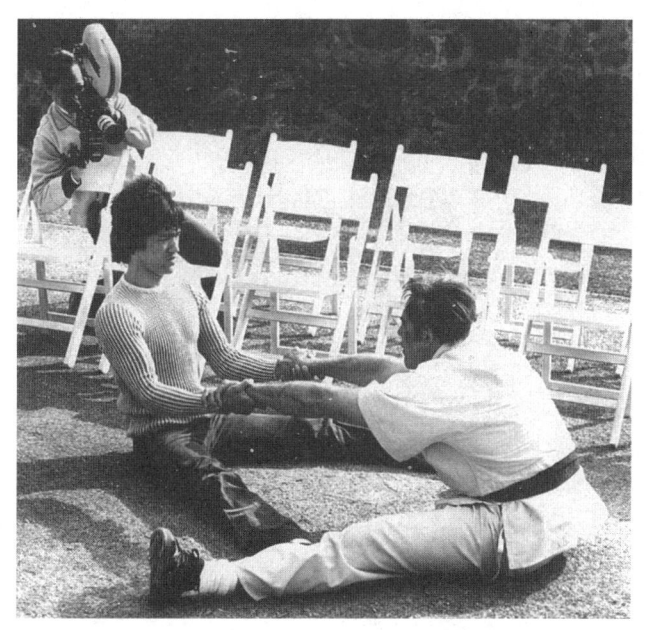

侧弯伸展

重点：拉伸体侧的肌肉。

开始姿势：头正身直，膝盖不弯曲，双脚并拢，双臂自然垂直，放在体侧。

伸展姿势：右手臂上抬并完全伸直，膝关节保持不动，然后身体尽可能地向左侧弯腰拉伸，同时，左臂贴腿下滑，右臂保持笔直，随身体侧弯在头后侧尽可能远地伸展。多次重复这个练习，并左侧一次、右侧一次轮流进行。

背部弯曲

重点：脊柱和大腿前侧肌肉。

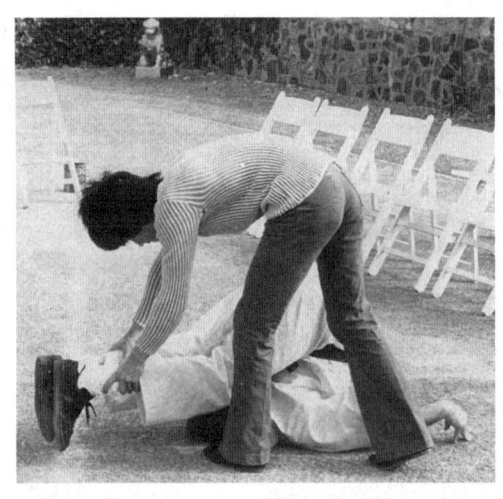

开始姿势：头正身直，膝盖不弯曲，双脚并拢，双手手臂贴近头部向上伸展。

伸展姿势：将重心移到左脚，右脚向前迈出，脚跟着地。双膝伸直，身体尽力后仰下腰。直立，收回右脚，恢复到起始姿势。重复该练习，左脚和右脚交替前迈进行。

前后屈体伸展

重点：脊柱、后背肌肉和腿部的肌腱。

开始姿势：头正身直，膝盖不弯曲，双脚并拢，手臂向上伸展，举过头顶。

伸展姿势：膝盖挺直，双臂同时上举至头顶，向前弯腰直至头部挨到膝关节，然后，双臂向后移动，直到在身后与肩膀呈 90 度直角。恢复直立姿势，保持膝盖不弯，身体尽可能后仰下腰，然后再恢复直立姿势。重复数次。

对身体特殊部位的柔韧性练习

腕部柔韧性练习

屈肘，直至前臂与地面平行，然后移动两手，使其在体前相互靠近，几乎接触。保持前臂与地面平行，向内折转腕关节，直到手掌面对身体。然后柔和地圈转腕关节，并不断加大力度。轻松而随意地做这个动作。练习腕关节的上下运动。这个可以显著增强柔韧性和弹性力量，尤其对于投球或高尔夫等类似挥拍动作的运动来说，是至关重要的。

肩部柔韧性练习

头部保持正直，以一种相对夸张的方式耸肩，就好像要用肩膀去碰耳朵一般。同时，通过提高手肘（使得前臂被悬起来摇晃）可以让肩膀提得更高一些。在肩膀向上耸提的过程中，要保持微微屈膝，这对下一动作的正确执行非常重要。然后再让头部和肩膀向下垂落，手臂随之下垂并充分伸展，使得前臂能触碰到屈起的膝关节。与此同时，让你的整个身体，包括头部，同步放松下垂，或者如突然脱力般垂落。而身体和腿部的动作则感觉像是要坐到椅子上的前一姿势，注意不可弯腰。持续这个动作直至最低处，此时手臂应摇晃着自由垂挂并完全伸展，但手指不要触碰到地面。恢复到直立姿势。这种耸肩下垂的练习，对于肩部肌肉的完全放松来说十分有效，同时还可有效地缓解紧张情绪。

颈部柔韧性练习

当放松全身的肌肉时，颈部也十分重要。以圆周运动的方式来旋转头部，先从左边开始顺时针转，再从右边开始逆时针转。可以挺直脖子，也可以曲颈，让头部最大限度地向左倾、右倾、前屈、后仰，注意用力要适度。

现实生活的动力：心肺功能

你认为格斗仅仅只是一击？一踢？除非你能不假思索地、连续地组合运用拳脚技巧，除非你能学习时刻保持移动和拥有足够耐力，不然，你最好雇佣一个保镖，或者还是远离冲突吧。

——李小龙

在 1971 年夏季的美国，李小龙这条名言几乎人尽皆知。当时黄金时间播放的电视剧集《盲人追凶》（*Longstreet*）中，李小龙说了上面这段话。在这部由詹姆斯·弗朗西斯库斯（James Franciscus）主演，讲述盲人私家侦探的电视剧集里，李小龙饰演一位向主角传授截拳道的李姓教练的角色，一如 5 年前的《青蜂侠》，担当配角的李小龙比剧中的其他演员获得了更多影迷的青睐。

我提到这个内容并不是在怀旧，而是在阐述李小龙所强调的耐力训练的重要性，而这一切在当今社会尤为流行，我们称之为有氧运动（Aerobic Exercise）。尽管《盲人追凶》这部电视剧集由斯特林·斯里芬特编剧，但李小龙在他的初稿空白处为其所做的诸多注释，均影响了最后定稿的改动，这其中就包括上面引文中所强调的在较长时间内保持灵活性的重点所在——耐力。

我记得李小龙和琳达的儿子李国豪有一次和我说，在他看来，有氧训练或者心血管训练是"现实生活的动力"，因为在日常生活中，心血管功能性训练比举重练习（或者力量训练）所获得的健身功效要表现得更为突出。正如李国豪所说："在 3 分钟一局的泰拳比赛中，无论你的肌肉多强壮，我都觉得无关紧要。如果你没有拥有一个良好的心血管循环系统，大概 45 秒之后，你就可能濒临虚脱，而我仍然若无其事。"

确实是这样！那一次与李国豪的交谈，让我想起自己曾有过的一次 3 分钟一轮的手靶打击练习的经历，完成之后，我的五脏六腑都差点被呕出来。原因呢？就是我的耐力太差。

遗憾的是，无论我们如何强调耐力训练的重要性，如今在武术教练中，仍然很少有人将有氧训练作为他们训练课程中最重要的组成部分。虽偶有例外，但总体来说，耐力训练，如跑步等，在他们的训练课程中仍属次要内容，大多数教练还只是一味地强调形式、招式和制敌技术的练习。事实上这是错误的。因为如果缺乏必要的耐力持续支持，再好的技术也将无力施展。李小龙钟爱通过跑步来进行耐力锻炼，这不是什么秘密。无论天晴或下雨，李小龙都会尽量坚持每天跑步来保持和提升自己的格斗优势。（他

的良好体形和健康的状态,其实也是有氧练习的结果。)事实上,李小龙认为每位武术家都拥有天生的格斗武器或工具——双手双脚。如果能让"工具"与"工具"之间变得和谐,就会使你的武器发挥最大效用。正如李小龙所说:

除非有三手四脚的变异人群,或者在地球上还存在与我们的身体构造完全不同的人种,否则,大家的格斗表现方式都是相同的。道理很简单,因为我们都只有双手双脚。最重要的是,我们如何让他们发挥最大效用?以动作路线来打比方(四肢的攻击路线),可以是直线、弧线,可以向上、向下,也可以转体。在一定条件下,走某个路线出击可能较慢,但如果条件转变,他又可能很快。再如踢腿,可以向上踢,也可以直踢,同样的道理,不是吗?说到我们的身体,应该多问问自己:"我要如何才能让自己的身体变得和谐呢?"也就是说,你应该像一位运动员一样,将跑步等其他基础体能训练都结合起来进行。

确实如此！李小龙曾经是同时代武术家中的佼佼者，但时至今日，他在武术界的地位依然无可撼动。他曾练就的优异体形和体能，以及他所遗存的深刻武学见解，始终是这个领域的里程碑。

李小龙认为所有的耐力训练（他做得比较多的有跑步、骑脚踏车、沙袋踢打）都应该用一个渐进的方式来进行。就像肌肉力量通过训练达到一定程度之后，就会希望不断增加杠铃的配重来提升训练效果，同样的道理，当心血管功能训练达到一定程度之后，耐力训练水平也会相应提升。

欲达目的，我们有两种方法可循：一是跑步，但需要每天渐增跑步的距离，直到自我满意的程度。另一个要关注的是渐进式的训练法，刚开始慢一点，然后随着身体适应能力的增强，逐渐加速。所有这些训练，都将加快呼吸和心跳的频率，同时（在密集训练的过程中）还会有感觉无法忍受的时候，但不用害怕，此时的你正在冲击自身体能最大的极限。只要没有心脏方面的疾病，只需要短暂的休息便可迅速恢复。只有通过这种强制性的高强度训练，体能才会不断得到加强。

在身体的适应性训练上，李小龙最为强调渐进式的训练方法，尤其是在进行适应性的有氧训练时。比如他掌握上述逐渐提升跑步速度和距离的训练法之后，甚至还会在跑步训练中负重，进行强度更大的渐进式训练。对此，李小龙解释：

上述都只是普通的训练法。如果想达到更高的水平，就必须进行特别的体能训练。比如说，背部负重爬山。练习者必须绑上一条特制的皮带（如同在踝关节/腕关节和腰部加重的绑带），并可以灵活调整负重。刚开始可以负重8磅或10磅，然后设置路程，像往常一样进行跑步训练，但注意，一定要完成每天的训练任务。当感觉越来越轻松和容易，就每次逐渐增加1磅或2磅负重，直至增加到20磅，然后训练计划才算完成。这样的训练，能够增强你的体能、负重力和耐力。

在竞走和负重练习开始风靡之前，这是比较通行的方法，就像有氧练习一样，只是在四肢或腰部附加一定重量并逐渐增加重量，从而改善身体体能状况。

训练贴士

你应该知道，最好的结果并不仅仅表现在体能上，而是像李小龙对斯特林·斯里芬特所说的（参见第 25 页），会表现在你的日常工作和个人品行上——只有不断挑战，不断超越，通过每一次艰苦训练来增强耐力的人才能获得。同时你必须开始行动起来。换句话说，训练不应该仅仅是起床、上街、跑步，然后休息，而从来不尝试挑战自己的体能极限，仿佛一受刺激就会进急诊室一样。

李小龙深知要锻炼耐力，就必须采取有足够频次和强度的活动，超越自己的局限，让各项身体功能逐渐达到他们的最大极限。如此练习，会使得呼吸频率不断加快，但请不要就此停止，要一直坚持到上气不接下气，感到无法呼吸时为止。所有呼吸急促同时心跳加快的运动，如果能坚持一段时间的话，都可以提升耐力。

耐力练习法

跳深练习

在李小龙看来，练习耐力最简单的方法就是跳深练习。主要是通过不间断地跳上椅子再下跳至地面（或长凳或工作平台）来完成（如果是男士，椅子应该为 17 英寸高；女士则为 14 英寸）。前一分钟，可先以左脚为主导，下一分钟换右脚。完成后休息，做拉伸、深呼吸，做手臂练习或腹部练习，然后再重复进行跳深练习。几周过后，可以增加练习的次数，直到能一次练习 30 分钟。

慢跑

如果列出一种李小龙最爱的训练方法，那么绝非慢跑莫属。有一次李小龙在《格斗之星》（*Fighting Stars*）杂志的报道上说："我很喜欢深入感受每项训练内容。每当我在早晨清新的空气中慢跑时，那种感觉真是太舒服了！"

李小龙总是随身携带一双慢跑用的跑步鞋，从不错过锻炼。李小龙钟情于慢跑有诸多原因。首先，其他体能训练方法总是存在或多或少的弊端，比如说费用、便利性、时间、专用设备、应具备的必要技能，以及参加的规律性等。还有些运动方式，实际能够达到的真正训练功效并不多，要不就是具有非持续性，练习者每次稍感疲劳或者呼吸稍微急促点就不得不终止练习。这样训练的结果，就是身体训练的负荷强度不够，以致起不到增进体能的效果，尤其是对增强心血管和呼吸系统方面来说，根本起不了什么作用。

对于李小龙来说，慢跑的乐趣就在于它的简便易行。不同于他采用的负重训练、静力训练以及其他各种各样的肌肉锻炼，所有这些强调的都是肌肉块头或肌肉力量的增加，而慢跑则着重于心肺和呼吸系统功能的改善。

李小龙说，慢跑的时候，其实身体肌肉同样也在运动，但最大的锻炼益处，还是体现在提升心肺机能上。毕竟，当你已年过三十，尽管健硕的二头肌和好看的胸肌还是会提升你的自信心，但你的生命活力和健康程度，最终还是主要由你的心血管机能状况来决定。

慢跑的理由

当人们询问李小龙为何如此钟情于慢跑时，他的回答无外乎以下8种：

1."不会花费太多时间。"一天有1 440分钟。对于初学者来说，每周只需3天，每天拿出30分钟来锻炼即可，即每周10 080分钟中的90分钟用来慢跑。如果你已经过了30岁，还不愿意花费如此少的时间来改善健康状况的话，那么，就做好花费更多时间在疾病上的准备吧。

2."这很安全。"慢跑是平缓渐进的运动，并不需要透支体力。同时可以根据自己的实际情况，适宜安排初次练习。

3."它能改善心肺功能。"慢跑通过不断增强对氧气和身体负荷的处理能力，可整体改善心、肺和呼吸系统机能。当然慢跑还可以增进身体其他部分的机能，但往往是心肺功能增强带来的结果。总有一天，整个生命状态都会取决于它们。

4."它能让你在外表和心态上看上去更棒。"慢跑练习会刺激循环系统，雕琢肌肉的线条，让整个形体看上去更加健美。慢跑可减少臀部和大腿脂肪的堆积，让松弛下垂的肌肉变得紧绷，并使腹部平坦。李小龙还将慢跑视为一种放松，1972年他曾对记者说："慢跑对于我来说已经不仅仅是一项运动，同时还是一种放松方式。每当我早上慢跑的时候，我就感觉自己是自由、没有任何束缚的。"之后一次，他在写给朋友的信中也提到："记得保持慢跑的习惯，对于现在的我来说，它是唯一的放松手段。"

5."它有助于减脂。"慢跑是减脂的一种方法。通过慢跑可有效减少脂肪，改善体形。慢跑结合健康的饮食对减掉脂肪格外有效。

6."它会使你的腰围变小。"慢跑可以使形体更加均匀。通过有控制的练习，几乎所有男性的腰围尺寸都缩小了，几乎所有女性都穿上了小一号的裙子。

7."它可帮助你改进耐力和自信心。"慢跑使你更加健康。可以更加自信地面对工作，增加工作量同时也能享受娱乐活动，而不用担心身体会吃不消。

8."终生都会更健康、有益。"体育锻炼是让身体保持健康的必要部分。保持规律性的练习并持之以恒，将获得显著的成效。短时期的练习只能获得短暂的效果。

如何慢跑

李小龙相信慢跑的方式远不及慢跑本身来得重要。行动比技巧重要。但是，必要的技巧足以影响慢跑的结果。

站直

跑步者的经验告诉我们，无论是行走还是跑步，保持正确的姿势是非常重要的，因为它可以使动作幅度更加自由、轻松。因此保持背部挺直的同时需要做到自然。头正对前方，与身体保持在一条直线上，既不前倾也不后仰。提臀。这样，就好像有一条直线从你的头顶穿过你的肩膀和臀部，几乎无任何弯曲。但是，不要模仿军人的姿势，肩膀不要后收，也不要挺胸。否则，你的肩胛骨之间和后背下方的肌肉会疼痛。此外，为了收缩背部一系列的肌肉，还会浪费一部分的体力。

腿

当保持上身正直，腿应该能够自如地移动。这是很简单的，并不费力。膝关节上提，踝关节保持放松。

呼吸

根据琳达·李·卡德维尔的回忆，李小龙过去常说："年轻的时候，用腹部呼吸；年纪稍大的时候，用胸腔呼吸，而当老了的时候，就用咽喉和嘴呼吸。为了保持活力，每个人都应该练习腹式呼吸。"这个观点也得到了跑步运动员的支持，因为跑步需要进行深呼吸，而不是表层的呼吸，才能培养出出色的耐力。

慢跑的步法

脚后跟—脚尖

慢跑运动员通常习惯先以脚后跟落地,以使身体向前,最后落点在脚前掌。脚后跟首先落地可减缓脚向前的冲力。经验证明,这种脚后跟—脚尖的落步法适合徒步远行,并有助于减轻身体其他部位在步行中的疲劳感。大约70%的专业长跑运动员都运用这个步法。

全脚掌

这是脚后跟—脚尖的落步法的变体。这种方法不是脚后跟首先落地,而是全脚掌同时落地。脚掌的整面能够减缓落步冲击,同时有助于身体的其余部位协调、舒适。在这种落步方式中,脚前部迅速且轻盈地落在膝关节下方,不要向下推动脚,就让它从身体下方过去,并快速提起以备下一步。大约20%的专业长跑运动员会运用这个技巧。

前脚掌落地法

这是李小龙在1～2英里的跑步中采用的方法。首先让前脚掌落地,然后在迈出下一步之前过渡到脚后跟。如果之前没有进行过相关跑步训练的话,你会发现采用这种方法简直是最自然不过的。在赛跑中,为了起跑更迅速,往往采取脚趾头顶地的启动冲刺方式。前脚掌落地的这种跑步技术,相比脚后跟—脚尖和全脚掌的方式而言,要求足部肌肉收缩的时间要更长一些,因此也更容易导致酸痛。对于某些慢跑运动员来说,这种方法,不像其他方法一样有利于足部用力转换和放松,容易拉伤肌肉。在每一步中稍微增加膝关节弯曲的幅度,会帮助全脚掌着地。

跑步,可以看作某种轻负重练习。我们可以通过将跑步与负重练习进行对比来加深理解。如果只做一次重物举重,就只将这个重物移动一次,产生的训练效果则是力量的增长。但耐力训练的作用并非以超大负荷单一地施加影响。在跑步中,我们通过腿部的运动来移动整个身体的重量。在1英里的跑步中,我们几乎抬了1 000次腿。在长跑的情况下,我们则是以较轻的负重反复进行多次练习,从而增加耐力。李小龙经常在他给朋友们的各种信函或对新闻媒体说:

我每天都会跑步。它会磨炼我的"工具"(出拳、踢腿、抛摔等)。我必须每日通过它来改善状态。

我把家安在贝莱尔山顶上,那里有充足的新鲜空气,就像世外桃源一般,但是绕着山腰跑步很困难。

我每天坚持跑步。有时候会跑到6英里。

昨天我开车经过田地,然后让鲍勃(我们家的狗)跑一阵子。有时候我会跟它一起跑着快速穿过田野。

我每天都带鲍勃出去散步。我经常开车带它去野外,然后在那里跑步。

跑步仍然是我今天计划完成的事项,尽管我的肌肉已经很酸痛了。

我比平常更多地外出进行路训。其实跑步上下山是特别辛苦的,但是我仍然钟情于它,因为我能从这个练习中收获很多。跑步上山很难,但它能增强腿部的力量,同时培养耐力。但下山要更难一些!因为下山的时候,必须不断控制速度,随时刹车会让腿很辛苦。从中的获益也并不大。

在跑步的过程中,如果能向上提起膝关节的话,效果会更理想一些。

每天下午4点我都要跑2英里,不管天气怎样。如果那时候我确实有很重要的事情要去处理的话，那么我会换个时间跑，但是每天从不间断。

媒体当然不会放过对李小龙这一健身休闲方式的关注，正如在香港报纸《中国邮报》（*The China Mail*）的一篇报道中所说："李小龙有规律地进行跑步练习。他每天下午4点都会沿着滑铁卢山道上下跑2英里并习以为常。时间大概需要14分钟。"

有氧训练法之外：间歇训练法

李小龙钟爱的另一个增强耐力的方法就是间歇训练法。间歇训练法的原则类似于强度训练、放松、再强度训练、再放松等。

例如，进行1英里的跑步练习，可先用60秒跑完440码①，然后进入一个间歇区间，比如说5分钟，在这期间可以减速，舒缓地慢跑或步行。在这个间歇区间之后，需要再在60秒内跑完440码，接着又是一个5分钟的间歇区间，之后再在60秒内跑完440码，如此持续，直到完成之前设定的训练量。

当然，在做路训的时候，可以不用采取一直步行或慢跑的方式，而是每天走1英里，跑1英里，走0.75英里，冲刺200码，再慢走半英里。然后扩胸的同时深呼吸。李小龙有一次告诉记者："在开始的时候，你应该轻松地慢跑，然后逐渐增加距离和速度，最后冲刺跑。"

李小龙曾为他的学生拉里·哈特赛尔（Larry Hartsell）制定了一个训练计划。它的流程是这样：慢跑（1分钟），冲刺（坚持），步行（1分钟），并且尽可能多地重复这个过程。（李小龙制定的训练计划详见"武术的间歇式训练"这一章）

据李小龙的另一位学生理查德·巴斯蒂罗回忆，李小龙的间歇式训练总是几近苛刻：

---

① 1 码 =0.914 米。

有时候我会跟李小龙一起跑步，但我那时候并不喜欢他跑步的方式，因为如果是我自己跑步的话，比较喜欢放松性的慢跑，希望保持身体循环系统的顺畅。我过去打过拳击，我习惯的跑步方式就是这样，只是偶尔加快一下速度。说到我跟李小龙共同训练，那时候，李小龙的这种方式还没被称作间歇式训练。但事实上，早在这种训练方式开始流行之前，李小龙就已经那样做了。他习惯先慢跑一阵子，然后冲刺，然后继续慢跑，接着他还会倒着跑，再继续慢跑，甚至还会交叉腿跑步，即将左腿交叉于右腿右侧跑。随后继续慢跑，他还会针对步法进行环绕练习，然后继续慢跑。倒着跑是为了练习步法和协调性。因为他认为格斗并不仅仅只是慢跑那样的匀速节奏，时不时你就需要快速旋转或后撤。这就是他应用间歇性训练的方式，也是他跑步的方式。说实话，这一点也没有跑步原本的乐趣了！天哪，对于我来说，我喜欢边跑步边享受。但是，朋友们，实际上这可是个费体力的活！

发劲：重沙袋训练

> 首先放松，然后把身体的每一块肌肉都调动起来，将所有的劲力都集中在我的拳头。欲爆发强大的攻击威力，就必须完全放松，积聚你的力量，朝向目标，将你的意念力和所有的劲力瞬间释放出来。
>
> ——李小龙

对于李小龙来说，力气和劲力之间存在显著的区别，这个区别并不仅仅体现在语言或词汇上。他对力气的定义是"运用身体主要力量的一种能力"。对劲力的定义则是"随着身体快速且突发性的动作，最大限度地产生并释放爆炸性攻击力的能力"，他还说："劲力强调的是加速度性质的力量爆发。"

换句话说，劲力是力量和速度的密切结合。运用任何一个特定的武术技巧强劲发力，都必须保证动作力量和速度均达到一个相当大的数值。

李小龙的弟子之一丹·伊鲁山度回忆，有一次李小龙问他："丹，如果我说这个人是一个强壮的武术家，那个人是一位强劲的武术家，你能够区分其中的差别吗？"伊鲁山度思索片刻说："我不知道，这区别在哪里呢？"李小龙回答："一个人可以天生蛮力，但是如果他不能快速运用这种

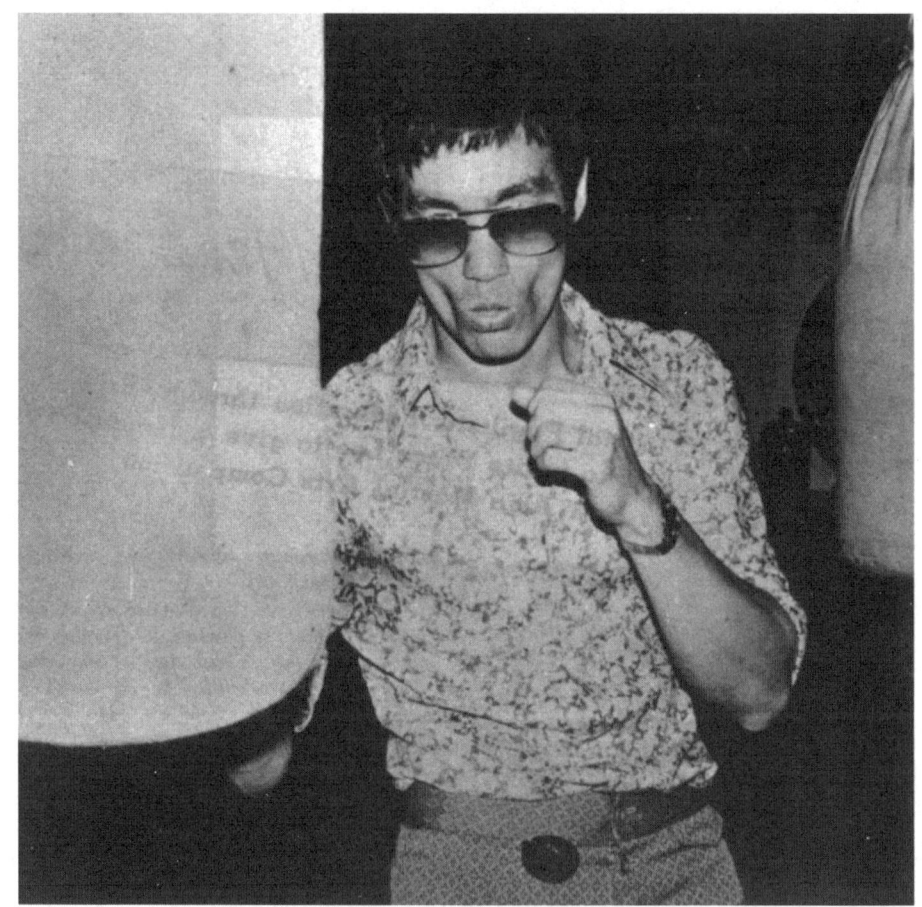

力量的话,就无法爆发出劲力。"

从生理学的角度来说,李小龙的解答是非常精确的。比如在田径赛中,一些新手教练就发现有时候很强壮的一个人,往往不能在铅球项目中发挥出强劲的力量,无论他在杠铃架上能卧推多么重的重量。好莱坞电影明星詹姆斯·柯本曾经常接受李小龙的私教,作为目击人,在他看来,李小龙所说的劲力或"能在快速运动中发放的力量"是令人惊骇的:

我那时住在高塔路(Tower Road),李小龙和我经常在我家那个带有西班牙风格的露台上训练。每次李小龙都会随身携带一个沙包,相当重,足球运动员会经常拎那样重的一个包。我们用一个较大的角铁架将其悬挂在平台上，用来练侧踢。有次，在我踢击沙包的时候，李小龙说："你太没有爆发力了！你应该倾尽全力来练习这个技术！"当我用拳击打的时候，他又说："记住力量要渗透到指关节上，啪！这样就出去了！"接着，他说："好吧，现在来看看我的吧。"只见他朝那个大概有100～150磅的沙包侧踢过去。天哪，沙包的中间被他踢了个洞出来！连悬挂那个沙包的链条都被他的踢力拉扯断了。沙包被踢到了阳台外的草地上。沙包里填塞的破布散落开来，到处都是！这简直让我大跌眼镜，同时还让我在接下来几个月里，都得在那收拾那些四处散落的碎屑了。

从物理学的角度来说，这种功率（P）的产生因素，应该包括力（F）、速度（V）、功（W）、距离（D）和时间（T）。他们之间的科学关系可以用下列公式来表示：

$W = Fd$

$P = W \div t$

$\triangle P = Fd \div t$

$V = d \div t$

$\triangle P = FV$

当然，从格斗的角度来说，更让李小龙感兴趣的是劲力的实际致用。他认为所有武术家都应该关注以下三种情况下的劲力应用：

1. 攻击时的劲力

2. 防御时的劲力

3. 劲力的结合

学会发劲：重沙袋

李小龙最喜欢的训练器材之一就是重沙袋。沙袋我们随处可见，一般重量为70磅左右，在很多健身器材店中都可找到，在拳击馆中更是随处可见。

利用重沙袋，李小龙在提升打击和踢击技术毁灭性的攻击力方面突飞猛进。通过负重训练增强身体力量是一回事，在合适时机，适当调动身体各部位的整体发劲则是另外一回事，这需要特殊的训练。无论如何，李小龙强调，重要的不是知道怎么做，而是去行动。即使是世界上最优秀的技术，如果没有必要的劲力将其发挥出来也终将一无是处。李小龙有一次告诉《黑带》(*Black Belt*)杂志的读者们："在你家的地下室挂个重沙袋吧，充分施展你的手脚。"

尽管后期李小龙曾告诫他的弟子们切忌过度使用重沙袋[1]，但他仍然将其视为发劲训练的一个重要组成部分。对那些刚刚开始进行重沙袋训练的人，李小龙会这样建议他们："刚开始的时候，可以每次每种拳法练习3组，每组50次，之后再进行拳法组合训练。接下来进行单一的踢击练习，然后再进行踢击的组合训练。最后，进行拳法和腿法的组合训练。"李小龙还会建议练习者带上拳击手套，或在手部、腕部缠上护手绷带，以防受伤。

有目的地进行训练才能产生真正的效果，另外，通过研究一些李小龙重沙袋训练大纲的笔记摘要，或者观看李小龙1968年在洛杉矶贝莱尔家中后院训练的相关录像资料，也可以对个人的训练起到很大的帮助作用。

重沙袋拳法练习（星期一、星期三、星期五）

1. 交叉拳
2. 勾拳
3. 抬手过肩交叉拳
4. 组合

前手拳（组合）重沙袋练习

1. 1–2连击
2. 1–2连击接勾拳
3. 右拳击身体—右拳击下巴—左拳击下巴
4. 前手拳开始—勾拳—交叉拳
5. 高位直拳 / 低位直拳

---

[1] 美国李小龙教育基金会会刊《知识并非全部》曾对李小龙亲传弟子李恺（Daniel Lee）师傅进行过一次采访。在说到他和李小龙1972年初最后一次的电话交谈时，李恺师傅曾谈到有关重沙袋训练的问题，他说："每次跟小龙交谈的时候，他总会冒出很多新奇的想法。他总是在思考改进训练方法。在最后那一次跟他的通话中，小龙谈到了要放弃过度强调重沙袋训练的做法。那之前我们做了不少重沙袋训练。他希望我们要少放些精力在重沙袋的训练上，而应着重进行速度训练。"——译者注

重沙袋踢法练习（星期二、星期四、星期六）

1. 侧踢—右和左

2. 勾踢—右和左

3. 旋踢—右和左

4. 后脚前踹—右和左

5. 脚跟踢—右和左

李小龙拳法的重沙袋日常练习之一（后院练习，贝莱尔家中，1968年）

重点：右前手长直冲拳，左手交叉拳，左勾拳和右勾拳

1. 右前手长直冲拳（高位）

2. 右勾拳（中位）

3. 左交叉拳（高位）

4. 右勾拳（高位）

5. 右刺拳（低位—当沙袋荡回之时）

6. 右刺拳佯攻（中位）

7. 左勾拳（高位）

8. 右勾拳（中位—当沙袋荡回之时）

9. 左交叉拳（高位）

10. 右前手直冲（高位）

11. 左勾拳（高位）

12. 右勾拳（高位）

13. 左勾拳（高位）

14. 右勾拳（中位）

15. 左勾拳（中位）

16. 右勾拳（高位）

17. 左交叉拳（高位）

18. 右勾拳（高位）

19. 左刺拳（高位）

20. 右勾拳（高位）

21. 左交叉拳（中位）

22. 右勾拳（中位）

23. 左交叉拳（高位）

24. 右勾拳（高位）

25. 李小龙迅速后撤，运用步法躲开荡回的重沙袋，并在它荡回到较高点时，用他的右肘低位封阻重沙袋的弹动，然后随势一个右刺拳的佯攻，并结合步法打出一记左交叉拳。（这种方式需要注意一点，当李小龙的左手接触到重沙袋的时候，右腿向前的推动力来自臀部从右往左的扭转；他的左腿几乎是挺直的。）

26. 右勾拳（高位）

27. 左勾拳（高位）

28. 右勾拳（高位）

29. 封阻重沙袋的弹动，恢复警戒防御姿势，接着爆发性地打出一记前手直冲。

30. 当重沙袋朝他荡过来的时候，李小龙运用步法转移到安全距离，迅速恢复警戒式，同时监察重沙袋荡出和荡回的节奏，然后爆发性地打出一记右前手直冲（高位）

31. 左交叉拳（高位）

32. 右前手直冲（高位）

如前所述，李小龙用重沙袋来完善和检验不同的武术技巧，并测试最可能增强自己发劲的杠杆作用力点和人体运动原理。李小龙的前商业伙伴、嘉禾公司前主席邹文怀（Raymond Chow）回忆，李小龙"精通武艺，他投入身心去研究如何出击以及如何使这一出击更加强劲。"

李小龙认为重沙袋不仅可以用于发展攻击劲力，也可以提升一个人的时机判断能力。运用重沙袋进行练习，能够使你在合适的时机做出精准的踢击动作，同时能够在恰当的距离发出最强劲的踢击或打击。

重沙袋训练要点

尽管李小龙从来没有针对如何最有效地使用重沙袋总结过任何训练方法，但从他现存的武学笔记或访谈的片段中，依然可以揭示出他的整体训练原则：

1. 始终保持自己严密的防护状态，决不要暴露任何目标，哪怕只是一瞬间。

2. 许多人认为拳打和踢击的劲力来自于出击的绝对力度，但事实并非如此，劲力其实是来自于正确的时机、正确的着力点以及脚和身体的准确位置、平衡性等综合协调的作用力。

3. 移动！移动！始终保持移动，运用侧步、佯攻等，并在移动中变化运用踢打技术。

4. 记住，身体也是拳打或踢击整体攻击动作的一个重要组成部分，攻击并不仅仅只是靠手臂或腿脚。

5. 练习首先注重方式，其次才是劲力。

李小龙曾告诫那些因重沙袋训练而变得过度自信的人。他认为在实战中没有时间让人能够从容地蓄势，然后再发动强劲的攻击，因为任何一个对手都不会静立在原地，让你有充足的时间去做攻击准备。因此，李小龙十分强调即使是进行重沙袋训练，练习过程中仍然不可松懈防御或放松警惕。就像他曾经对弟子李恺谈到的那

样："你可以这样蓄势猛击重沙袋，但你不能用同样方式击中你的对手。"

李小龙还通过他的学生（包括他个人的体验）发现，过度的重沙袋练习会导致格斗意识的松懈，因为重沙袋从来不会攻击或还击，因此在训练中，不会具有针对任何潜在的攻击或还击而保持随时警惕或应变的意识，久而久之，就会养成只考虑自己如何踢打，以及蓄势发动攻击的习惯，而这在实际的格斗中都是不可能的。一如李小龙曾经指出的那样："重沙袋训练的弱点就在于它无法提供反击，从而让你渐渐忘了对手会还击，简直是'完美的缺陷'。"

李小龙曾指出过一些关于重沙袋练习时的注意事项：

1. 出击收回之后意识松懈，疏于防范。
2. 固化的踢打练习方式。

李小龙最喜欢的一个重沙袋训练技巧之一，来自前世界重量级拳击冠军，人称"褐色轰炸机"的乔·路易斯（Joe Louis）所写的一本书。乔·路易斯在书中建议，击中静止的沙袋之后，应顺势轻推重沙袋使其慢慢摆动，当它已经开始摇摆时，路易斯建议训练者顺着沙袋摆动的方向出勾拳，左右均可。李小龙喜欢这种训练，因为这使得他能够面对迎面而来的或移动中的力，而非简单的、静止的目标。

重沙袋训练之外

李小龙认为通过重沙袋训练，充分培养了发劲能力之后，就应减少花费在重沙袋训练上的时间，重点发展其他技术，诸如时机、协调性、距离、速度以及精准性。1971年中旬，他在与李恺的一次通话中曾建议：

练腿更好的方式是踢橡塑泡沫靶或类似的目标。在练习侧踢时，切忌空腿猛踢（没有目标地空踢），尤其是当你踢得很快，腿部充分伸展却没有其他物体阻抗的时候，就很容易伤到膝关节，要多多注意经济而实效的动作。

李小龙也教自己的弟子在重沙袋训练中培养一种直观的感觉，这被他称为"情感内涵"。不能只是呆板、机械地打击或推击重沙袋，而应将自己的热情和意志投注于每一次的出击中。我所接触的最好的实例，来自于李小龙在洛杉矶时期的一个弟子理查德·巴斯蒂罗，他回忆：

　　有一次，我们在一边训练，李小龙在击打重沙袋。他疯了一般地发动重击，就像极端憎恨那个重沙袋。他粗重地呼吸着，真正全力地打击它。我记得当时黄锦铭也在场，我们面面相觑，用眼神询问对方："是不是你惹了他？还是我惹了他？还是怎么了？"他看起来好像真的疯了似的，100%地投入，铆足了劲打击那个重沙袋。片刻之后，他停下来，看着我们说："好了，伙计们，现在到你们了。"我问他："你刚才是怎么了？"他回答："这就是截拳道，你必须在训练时把自己所有的情绪投注进去。"李小龙确实是一位很擅于控制自己情绪的人，可以自如地释放或者收回。

　　重沙袋训练的价值在于，它是学习将力量训练中所获取的所有劲力进行有效应用的工具。除了可以消解压力，重沙袋练习还会使你将身体各个部分协调成一个动态的连贯整体，教会你其他格斗特质，如攻击的节奏、平衡、时机、发力、反作用力和精确度。就像李小龙自己所说的："我们所谈论的是格斗，这意味着你必须训练去运用好自己身体的每一个部分！"

　　李小龙一直坚持运用重沙袋训练法。从重沙袋练习中，李小龙也更多地发掘了自己身体的潜能。我们就用李小龙针对重沙袋训练说的一句话来结束这个章节："对着重沙袋拼出全劲、不断移动、环绕它不断踢打。你的想象力以及快速有强力的打击能帮助你达成目标"。

武术的间歇式训练

李小龙曾建议,作为武术家,如果你不能时刻保持移动与拥有足够耐力的能力,最好还是雇佣一个保镖或者远离冲突。那么,如果要锻炼组合踢打的耐力,李小龙推荐的训练方法是什么呢?答案就是间歇式训练。

李小龙所强调的间歇式训练并不仅仅只是慢跑,还要满足运用拳击、踢击以及步法进行实战的需要。因此,李小龙为所有期待在实战中有所进步的武术家们,设置了一个针对实用技术和体能条件专项提升的课程。所谓间歇式训练就是既有爆发性的强度练习,期间也穿插短暂的休息恢复,也就是在间歇式训练中,训练者不断从一种状态进入到另一种状态,从一个循环训练到另一个循环训练,从而不断提升血压和心率。将不难发现,通过间歇式训练,不仅可以有效提升实战水平,同时还可以取得十分显著的健康和健身的成效。即使只坚持这样训练4周,也能够提高协调性、敏捷性、耐力、力量、速度、节奏、时机把握感、精确度,以及肌肉的弹性张力,甚至可以减少脂肪含量。仅仅是一个每次用时40分钟的锻炼!

李小龙坚持这样训练了一段时间,然后将此推荐给了弟子拉里·哈特赛尔,后者当时正在为参加美国有史以来第一次举办的踢拳比赛(全身可

接触的）做准备。据哈特赛尔的说法，他按照该套步骤进行训练后取得了惊人的效果：

1968 年，当我正在为美国有史以来第一次举办的全接触踢拳赛做训练准备的时候，李小龙将这套日常训练推荐给了我。比赛是在三藩市举行的，李小龙在市立体育馆里告诉我："拉里，我建议你坚持每天按这个常规步骤进行训练，并且尽你所能增加回合，完成更多，尤其是当你刚开始的时候。"我遵循李小龙给我的这个训练计划苦练了 3 个月，最后在比赛中取得了第二名。我认为我不应该只是第二名，因为我确实击倒了我的对手！之所以屈居第二，是因为在第二回合中我全力重击对手，并在他倒地之后踢了他。我们戴着 8 盎司[①]的拳击手套，穿着拳击鞋，还有护阴、护眼等功能的护具。跟我对打的是主办方的选手，是中国人。第三回合，我将他击出

[①] 1 盎司 = 28.3 克。

了擂台，他甚至都站不起来。赛后，他走过来对我说："你才是赢家。"他是一个泰拳手，并且当过海军，住在泰国。尽管如此，我还是打倒了他。

间歇式训练计划

这个训练计划的每个部分历时 3 分钟，相当于职业拳击比赛一个回合的时间。休息时间均只有 1 分钟（跳绳那一轮除外），也就是一个职业拳击赛中回合与回合之间的休息时间。以下就是李小龙为拉里·哈特赛尔设计的训练计划：

1. 长跑训练

慢跑（1 分钟），冲刺（坚持），步行（1 分钟），尽可能地多做几组。

2. 技能训练

   a. 假想踢拳练习——3 分钟（休息 1 分钟）；以高效适宜的方式放松。

   b. 假想踢拳练习——3 分钟（休息 1 分钟）；全力训练，不断强迫自己。训练劲力/速度。

   c. 跳绳——5 分钟（休息 1 分半钟）；练习所有的步法。

```
1). ROADWORK:—    JOG — SPRINT — WALK in AS MANY SETS AS YO
                 [1min]  [repitus] [1min]                    CAN.


2). SKILL CONDITIONING:—

     a) shadow kick-boxing ———— 3 min. (1min REST
            (loosen up in good economical form)

     b) shadow kick-boxing ———— 3 min. (1min REST
            (work hard:— push yourself — speed/power

     c) skip rope ———— 5 min. (1½ min. rest)
            (try all footwork)

     d) Heavy bag ———— 3 min. — (1min)
            (individual punches plus combination)

     e) Heavy bag ———— 3 min. — (")
            (individual kicks plus combination)

     f) light bag ———— 3 min.
            (individual punches plus conditioning)

     g) shadow kick-boxing — 2 min.
            (loosen up)
```

d. 重沙袋——3分钟（休息1分钟）；单一的拳法练习，然后加上组合拳。

e. 重沙袋——3分钟（休息1分钟）；单一的踢法练习，然后加上组合拳。

f. 轻沙袋——3分钟（无休息）；单一的拳法练习，然后加上组合拳。

g. 假想踢拳练习——2分钟；放松。

根据你花在间歇式跑步训练上的时间，完成这个训练计划大概需要

32.5～47.5 分钟。时间分解如下：

越野跑

2 组 1 分钟慢跑，30 秒的冲刺，和 1 分钟步行 = 5 分钟

4 组 1 分钟慢跑，30 秒的冲刺，和 1 分钟步行 = 10 分钟

6 组 1 分钟慢跑，30 秒的冲刺，和 1 分钟步行 = 15 分钟

8 组 1 分钟慢跑，30 秒的冲刺，和 1 分钟步行 = 20 分钟

技能练习 / 协调性练习

5 组 3 分钟的循环训练，1 组 5 分钟的循环训练，1 组 2 分钟的循环训练，循环训练中 5.5 分钟的休息，共计 27.5 分钟的训练。

李小龙的个人训练计划

在李小龙的个人训练计划中，我们发现没有越野跑的练习内容，但事实上他进行过这个练习，只是没有写下来。我们可以从他同时期的训练计划中发现，他每天都会在特定时间进行越野跑。李小龙经常在清晨跑步，然后上午稍晚的时候，或者是下午来进行他的个人武术训练。以下就是李小龙的个人训练计划：

1. 假想踢拳练习——3 分钟（1 分钟完全休息）；放松，练习所有实用的动作。

2. 假想踢拳练习——2 分钟（1 分钟完全休息）；更刻苦的练习（注意速度，需要更快）。

3. 假想踢拳练习——2 分钟（1 分钟完全休息）；强迫自己（以最快的速度发挥出最有效的动作）。

4. 跳绳——5 分钟；练习所有步法。

5. 重沙袋——3 分钟（1 分钟休息）；练习所有的踢法（侧踢、勾踢、旋踢及直踢）。

6. 重沙袋——3 分钟（1 分钟休息）；练习所有的拳法（勾拳、直拳、

挂锤)。

7. 轻沙袋——3 分钟（1 分钟休息）。

8. 假想踢拳练习——3 分钟（1 分钟休息）；放松。

高级（分离式）间歇训练计划

在一段时间后，李小龙会改变他的训练计划，让自己在一个为期 6 天的时间段里，更集中地进行训练，尤其是在拳法和踢法方面。在新的训练计划中，他在星期一、星期三和星期五练习上肢；星期二、星期四和星期六则训练下肢。尽管他并没有记录下他每一轮的具体训练时长，但是根据他之前的训练计划，我们可以推断出每个"循环"的时间是 3 分钟，同时有 1 分钟的休息时间。

拳法练习（星期一、星期三、星期五）

1. 跳绳
   a. 肌肉放松
   b. 快速
   c. 放松
2. 空拳练习
   a. 肌肉放松
   b. 快速
   c. 严格练习
3. 空拳练习
   a. 肌肉放松
   b. 严格练习
   c. 放松
4. 刺拳

a. 高低沙袋

b. 重沙袋

c. 手靶

5. 勾拳

a. 重沙袋

b. 手靶

6. 交叉拳

7. 旋击

8. 标指

9. 肘击

a. 向内 / 向外

b. 向上 / 向下

踢法练习（星期二、星期四、星期六）

1. 跳绳

a. 热身

b. 快速

c. 肌肉放松

2. 空踢练习

a. 肌肉放松

b. 快速

c. 严格练习

3. 空踢练习

a. 肌肉放松

b. 严格练习

c. 放松

4. 侧踢

a. 重沙袋

b. 手靶

c. 踢盾

5. 勾踢

a. 踢盾

b. 手靶

c. 重沙袋

6. 旋踢

7. 反身勾踢

8. 下阴踢

a. 速度

b. 经济

c. 协调性

9. 胫／膝踢

10. 空踢练习

a. 最后一组（肌肉放松）

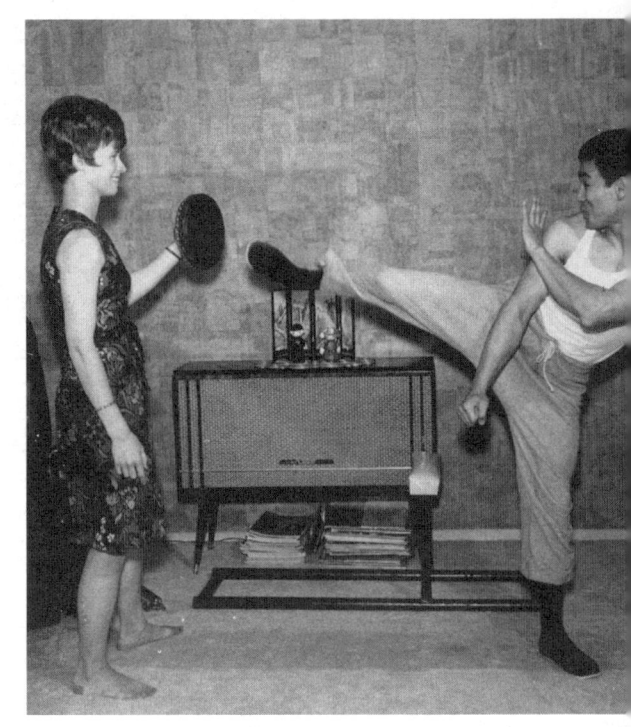

李小龙的身体供能法（营养）

作为一位武术家，你只吃你所需要的，任何对自身训练无益的食物都应该拒绝。

——李小龙

如果你见过李小龙完美的肌肉和体形，肯定会认为他拥有许多营养学知识。事实上，李小龙一生所从事和实现的事情有许多，唯独没有时间去涉猎任何与营养相关的知识。

李小龙从来没有写过只言片语来阐述运动营养学，也从来没有就此发表过什么言论，也不曾跟任何营养学专家结交。但是，通过他丰富的武学笔记，透过字里行间，同时根据其好友回忆，我们可以发现李小龙其实相当重视运动营养和恢复。

这个任务其实落在了李小龙夫人琳达的身上。她在负责家庭成员饮食的同时，还要专门按照补充配方为她的丈夫调制营养保健品，这让她成为负责李小龙饮食的唯一权威。琳达回忆："我在营养学方面做出了诸多研究，因为，老实说，李小龙连水都不会烧，而且他也不想学，既不感兴趣也没有时间去学。当我在煮饭的时候，他就在进行各种各样的训练，我只是尽最大的能力来为他提供均衡的、既营养又健康的膳食。"

据琳达回忆，李氏家族并不会将一日三餐当作自己生活的重点，而只是简单地把进餐看作家族成员补充身体的"燃料"。但尽管如此，琳达还是读了很多营养学方面的书籍，尤其是从阿黛尔·戴维斯（Adele Davis）的

营养学书籍中获益匪浅。书中推荐全谷类食物，同时建议尽量避免精细（或者加工过的）食物和单糖类。

也正是由于琳达的用心钻研，李小龙能够从均衡且营养丰富的膳食中获益，而不用为此浪费任何训练的时间。但这并不意味着李小龙不在乎他自己所吸收的是什么。就像一个人想要一辆高性能的车，那么除了高纯度的汽油，就不能再将任何其他东西灌注于车子的油箱之中。李小龙认为，如果想要拥有体能超凡的身体，你就不能期望通过啤酒、比萨之类的饮食来使身体功能实现高效运转。如果没有合适的"燃料"，身体引擎的执行和反应能力就会变得迟钝。当然，李小龙并不认为人们就必须住到山洞里，天天以坚果和浆果为食，才能保持健康，但他确实认为，人们应该摄取高营养的食物，而不是可乐和热狗。琳达回忆：

李小龙从不吃熏烤的食物，主要是因为这些食物都是用精细的面粉制作而成，除了卡路里之外，无法带给你任何营养。他不愿意去消化那些对身体毫无益处的卡路里。李小龙每餐吃得不多，但少食多餐，一天可能吃3~5餐，每次吃的东西都围绕他的训练和日常生活需要。根据当天的行程安排，有时会做一些调整：他可能会喝一些蛋白质饮料，或者喝果汁，午间吃个中餐，然后再吃个正常的晚餐。像大多数人一样，如果当天体能消耗较大的话，就会吃得相对好一些。他最爱的食物大部分都是中国菜，还有意大利面或通心粉。

均衡饮食

关于李小龙的营养理念，根据琳达以及其他我曾与之探讨过的人，他的观点跟大多数著名营养学家的观点是一样的：均衡的饮食是所有营养摄取的基础。考虑到每个人对于均衡饮食存在的理解差异，对于什么是均衡饮食的流行营养观念的评价不在本书的探讨范畴，所以我将集中阐述李小龙对均衡饮食的标准，简单来说就是他所选择的能够提供大量蛋白质、碳水化合物及脂肪的食物。

完全蛋白质和非完全蛋白质

完全蛋白质多存在于牛奶、鸡蛋、奶酪、肉类（包括鱼肉和家禽）、黄豆、花生、花生酱和一些坚果中。小麦中既有完全蛋白质也有非完全蛋白质。而非完全蛋白质多存在于玉米、黑麦、黄豆、豌豆、扁豆、明胶和一些坚果中。另外，鸡蛋的蛋黄中也有完全蛋白质，而蛋白则多含非完全蛋白质。常见的一些完全蛋白质与非完全蛋白质互补的搭配诸如：牛奶加麦片、面包加奶酪或豌豆加肉类。

碳水化合物

淀粉和糖类都属于碳水化合物。从名字上的化学含义就可以看出，这类物质包含碳、氢和氧。在吸收的过程中，淀粉转化成糖，最终所有的碳水化合物都通过糖分的形式进入血液。

在身体里面，糖类的吸收是缓慢的，或最终跟氧气结合（通过肺部吸入）。这个氧化作用产生的能量，可用于身体的内部消耗和肌肉活动。饱含淀粉的食物包括所有的谷类（小麦、燕麦、大麦、大米和黑麦）。早餐谷类食物如面包、蛋糕、通心粉、意大利面等，除此之外，黄豆、豌豆和土豆都是很好的淀粉来源。糖类丰富的食物有糖浆、蜂蜜、果脯（枣、无花果和葡萄干）、果冻、巧克力和商用蔗糖，还有新鲜的水果。我们身体需要的能量大部分来自淀粉类食物，而不是糖类食物。

浓缩精制糖（蜂蜜、果酱、果冻、巧克力以及极甜的点心）会刺激消化道，且容易发酵后在肠胃中形成气体，同时，它们的甜味也会使人们对健康和营养的食物失去食欲。但食用分量相对较少的淀粉类食物不会带来任何消化上的困扰，它们不会刺激消化道，一般不会发酵，而且它们清淡的味道也不会影响或破坏人们的胃口。但精制的谷类，白面包、精米、面粉、通心粉、意大利面、所有的蛋糕和那些用白糖（精制糖）做成的油炸类酥心食品，不仅很贵，而且没有营养，因为它们本身包含的那些重要的营养元素都在加工过程中丢失了。

脂肪

就像碳水化合物一样，脂肪也能够为身体提供能量。事实上，它是最集中供应身体能量的食物。由于饥饿感来自于胃部清空之后的收缩，而脂肪往往不会太快离开胃，因此保证饮食中有适量的脂肪，可以有效地避免在下一餐到来之前过早的饥饿。当然，另一方面，过多的脂肪也会带来消化上的困扰。

脂肪构成身体细胞的一部分。脂肪的薄膜能够保护神经；内脏也依靠脂肪而运作；同时皮下脂肪的薄膜层能够帮助实现体温的调控，在寒冷的天气里像绝缘体一样，防止身体热量向外流失。一定的脂肪酸也是身体所必需的。我们可以在橄榄油、玉米油、花生油、棉籽油、鱼肝油、花生酱和蛋黄中得到脂肪酸的补充。最好的脂肪则来自于那些同时包含重要的矿物质以及食物激素的食物中，比如黄油、奶酪、奶油、蛋黄、鱼肝油、牛油果、杏仁、白核桃、山核桃、巴西胡桃、花生、花生酱还有富含脂肪的鱼类（三文鱼、鲭鱼、美洲西鲱、青鱼、沙丁鱼和金枪鱼）。

日常饮食举例

李小龙一天的饮食，可能是从一碗燕麦片或混合谷物开始的，包括全谷类食物、坚果和干果。午餐适度吃一点，之后就是晚餐。琳达回忆他们晚餐经常吃的是各种各样的意大利面食，搭配绿叶蔬菜沙拉，但他们一家人吃得更多的是米饭、蔬菜、猪肉、鸡肉或海鲜。"我们并不经常吃肉类，"她说，"而且李小龙喜欢的是中国或其他亚洲国家的食物，因为其种类丰富，并且蔬菜和肉类搭配合理。一般说来，亚洲食物中蔬菜的分量是大于肉类的。"

李小龙认为绝大部分的西方食物都千篇一律，往往只有一种主菜，但中国膳食的主菜则丰富多样——有时候是虾和蔬菜，有时候是鸡肉和蔬菜，或者牛肉（如用蚝油烹饪的牛肉，李小龙最喜爱的食物之一），有时候还有其他的食物，如豆腐。如此繁多的种类，每次尽量多尝几种，但每种尽量少吃，而不要只吃一种且吃得很多，这样，在我们身体得到均衡营养的同时，也能够享受饮食的乐趣。

当然，李小龙并不是压根不吃西方食物，或以此为合理的理由远离麦当劳等快餐。"李小龙喜欢牛排，"琳达回忆道，"我们时不时也会尝尝肝类食物，通常一星期一次。"总的来说，李小龙更喜欢的是亚洲的烹饪方法，在他看来，亚洲的烹饪更强调多样化，以及注意蛋白质和碳水化合物的合理营养配比，而典型的西方食物则更多强调蛋白质和脂肪。李小龙从不刻意去吃乳制品，只在他的蛋白质饮料中放一点，也从来不喝牛奶，尤其不喜欢奶酪，琳达说："李小龙完全不能理解为什么西方人会喜欢奶酪。"

由于李小龙经常进行高强度专业训练，他常常在正餐之外，吃些点心来补充体能，如米汤（粥），也就是琳达为他准备的一种将米饭熬到接近于汤的中国食物。琳达还会在其中加入少许动物的内脏，如肝、肾、脑或心。李小龙也喜欢吃炒面，尤其是亚洲的面条，是碳水化合物的极佳摄取来源，同时也能够让他快速恢复体能。

关于补品

除了均衡饮食，李小龙还认为应该通过一些适当的补品来补充营养。这其中特别重要的补品，非蛋白质饮料莫属，他每天都要喝一两杯

高蛋白质的饮料。毫无疑问,准备高营养价值饮料的任务又落到了琳达的身上:

我们以前常常要到位于圣莫尼卡的鲍勃·霍夫曼商店,才能购置到需要的蛋白质,现在已经随处可以买到了。在给李小龙准备蛋白质饮料的同时,我们还会加入一些非速溶奶粉,因为我从阿黛尔·戴维斯的书中了解,非速溶的奶粉对身体要更好一些,它的浓缩程度要高很多。我们有时候会把它跟在霍夫曼商店中买到的蛋白质粉混在一起,有时候就直接用它来代替蛋白质粉。

李小龙喝的高蛋白饮料的成分经常会有变化,但以下成分是特定的,任何时候都不会改变:

- 非速溶奶粉
- 水或者果汁
- 冰块
- 两个鸡蛋,有时候还是带蛋壳的
- 1勺麦芽或者麦芽油
- 1勺花生酱
- 香蕉,用于提供碳水化合物和钾(和/或其他水果用于调味)
- 1勺酵母粉
- 肌糖
- 卵磷脂(颗粒状的)

琳达说,她从来没有编写过上述饮料的配制食谱,因此,做不到准确无误地回忆起25年前采用的所有配方。但是,根据李小龙训练的模式以及他的体重,琳达记得当时李小龙每天都至少要喝一杯特配的蛋白质饮料,通常情况下是两杯。关于通过饮用高蛋白饮料来最大限度挖掘身体潜能,李小龙曾写下他的建议:"将奶粉、花生、鸡蛋(不要去壳)和香蕉等混合在一起搅拌。如果你希望效果来得更快一些,就以奶粉和剩余食物各占一

> 俊九先生，
>
> Thank you for your wonderful gift to my son; he sleeps with the bear nowadays.
>
> Enclosed I'm rushing the ad & information where you can obtain the gain weight food supplement. Be sure to order it from your S.a. instead of from Lo. Angeles, Calif. as there is a difference in postage.
>
> Add peanuts, eggs (with shells) and ~~bananas~~ bananas into the powder and with milk and mix them in a blender. If you really want faster result use 'half and half' instead of ordinary milk.
>
> The postman is here I better mail this.
>
> Talk to you later
>
> Your friend
> Bruce Lee

半的比例来调和，而不是仅仅喝那种普通的牛奶。"

李小龙写下的上述建议，主要针对的是那些希望增加体重的人。"一半一半"的比例调和特制的饮料所含的卡路里比一般的牛奶要高很多。事实上，李小龙自己从来没喝过这种对半比例的饮料。

除了蛋白质饮料，李小龙还强调维生素和矿物质的均衡摄取。李小龙和琳达经常出入位于圣莫尼卡的林德伯格营养商店，那里有一种维生素和矿物质的混合包装补品（通常里面有 7 个均衡提供多种维生素和矿物质的小药片）。1971 年，当李小龙在泰国巴冲拍摄他的第一部华语影片《唐山大兄》时，经常在家信中抱怨那里食物的匮乏。"曼谷的食物太糟糕了，尤其是柏庄这里，"他写道，"这个村庄里面没有牛肉，鸡肉和猪肉也很少。幸亏我随身带了维生素过来。"

在强调维生素和矿物质日常均衡摄入的同时，李小龙尤其推崇维生素 C。特别是在他比较疲劳或因为压力而感觉情绪低落的时候，常常会通过适量服用维生素 C 来抵抗这种低落的情绪。

李小龙食用的补品举例

增能食品 "67"（200 片装）

卵磷脂颗粒

富含维生素 C 的蜂花粉

天然维生素 E

天然蛋白质

蔷薇果（液质）

麦胚油

天然蛋白质丸（巧克力）

提取自樱桃的维生素 C（250 片装）

B-Folia（180 片装）

B-Folia（360 片装）

A-Veg（500 片装）

E-Plex（250 片装）

电动榨汁机的重要性

当把营养科学和运动科学放到几乎同等的层面来考虑的时候，李小龙会立即提到电动榨汁机的用处。由于他日常训练的体能消耗较大，除了那些极易参与新陈代谢的淀粉和单糖之外，为他身体提供新陈代谢的主要能量来自碳水化合物及其丰富的供能形式，以及水果和蔬菜中的维生素和矿物质。同时，李小龙发现对体能恢复极有帮助的饮料，是由胡萝卜、芹菜和苹果混合而成的果汁。对此，让我们来听听琳达是怎么说的：

早在榨汁机还没开始流行之前，我们便使用它来做胡萝卜汁、蔬菜汁和水果汁。和前面说的那样，李小龙一般每天都会喝两杯蛋白质饮料，如果有一天他只喝了一杯蛋白质饮料，那么，他一定会另外喝一杯果汁。那时候，我们最爱喝的应该是胡萝卜味的果汁。胡萝卜在饮料中所占的比例最大，然后占配比第二的是苹果，最后，我们也许还会加入一些芹菜。很多时候还会加入一小枝具有滋补作用的欧芹，但是它的味道很特别，我们一般都只会放一点点。所以，不妨建议大家尝试一下我们的胡萝卜／苹果／芹菜蔬果汁。我们一般一半是胡萝卜汁，然后三分之一是苹果汁，剩下来的就都是芹菜和欧芹榨的汁了。但最终如何搭配它们的量，取决于你自己的口味。

李小龙也会喝一些从深绿色蔬菜和其他水果中萃取出来的汁，他常常就着胡萝卜汁一起喝，让味道更好一些。这些从新鲜蔬果中萃取出来的汁液，是维生素、矿物质以及各种酶的最佳来源。在一天之中，一个人可能无法摄取足够多的未经加工的新鲜蔬果，以满足人体每日正常所需。为了让身体排出更多生活环境带来的毒素，就需要额外的营养来帮助完成，这一直都是为大众所认可的，尤其是在当今时代，更是无可非议。但是大多数时候，你没有时间吃掉5磅的胡萝卜，但是你却可以花很少的时间来喝掉与这5磅胡萝卜等值的、美味的，同样营养价值很高的胡萝卜汁。

这样一种方便且提供丰富营养的方式，李小龙自然不会错过。榨汁机的使用，现在已经风靡开来，而风靡的原因，和李小龙20多年前所思所想如出一辙。这从谢丽·卡尔邦（Cherie Calbom）和莫琳·基恩（Maureen Keane）的专著《榨汁生活》（*Juicing For Life*, 1992）中引用的李小龙原话可以看出：

通过果汁的形式，身体能够快速吸收那些食物中的丰富营养。酶是身体的催化剂，它能够增强身体消化和吸收食物的效率。研究发现，一旦食物，如蔬果经过烹煮加工，这些酶就会被破坏。因此，我们的饮食中至少应该包括一半的新鲜生食。这些食物通过酶的作用，让身体能够快速且轻易地吸收营养，从而造就良好的体能和健康。

蜂蜜和人参

帮助李小龙保持体能的另一种碳水化合物饮料，就是蜂王浆。据说是用蜂后所酿的蜂蜜制成，它的量通常很少，正因为如此，有时很难称之为普通饮料。蜂王浆常用细颈瓶盛装，食用的时候，需用特供的一种琢石将其顶部切掉方可打开。卡里姆·阿卜杜拉·贾巴尔回忆李小龙在《死亡的游戏》拍摄期间，经常会打开一小瓶来食用。杰克逊也记得李小龙曾经对他说:"每当我要表演的时候,都会喝一小瓶蜂王浆,然后就会觉得,哇,我的体能状态简直可以用完美来形容!"琳达说:"李小龙认为蜂王浆和人参都可以增强他的体能,同时令他精力充沛。他非常认同中华文明中有着4 000多年历史的草本文化,他相信如果某个事物历数千年的风雨,且经过无数人实践证实有效的话,那么,毫无疑问就一定是有利健康的。"

钟情于茶

李小龙从来不喝咖啡,主要是因为他不喜欢咖啡的味道,但是他一生始终保持着对茶的热爱。琳达回忆说,李小龙特别喜欢在茶里加蜂蜜。当他工作的时候,尤其是在香港拍电影期间,每一场拍摄,琳达都要为他准备一大热水壶的蜂蜜茶。她说:"给他准备的时候,我基本都是用袋装的那种立顿茶,一般不会弄得很淡,然后再调和一汤勺的蜂蜜。李小龙喜欢这种味道,我们经常这样喝。"

立顿茶,是李小龙喜欢的一种茶。这是李小龙和琳达常饮的早餐茶,特别是在他们1971年移居香港的那段日子里。琳达回想起一段趣事,李小龙一生的好友、常在电影中扮演替身的胡奕(Wu Ngan),那时也跟李小龙一家人一起住在香港,他经常给李小龙和琳达准备早餐茶。有一天,她问胡奕每天给他们准备的那种特殊的中国茶是怎么做的,胡奕惊讶地看着她,然后说:"那就是立顿茶啊!"那是一种可以泡到很浓的红茶,然后加上牛奶和糖,尝起来就有点英式奶茶的味道。

李小龙并不仅仅只喜欢蜂蜜茶和立顿茶。琳达回忆:"中国的茶有上百种,李小龙几乎没有不喜欢的。"每次李小龙跟他的电影小组在一起的时候,他的朋友或者工作人员都会带给他不同的茶,而他尤其喜欢菊花茶。除了清香宜人的茶味,李小龙认为我们还可以从各种各样的茶中获得健康。总的说来,茶不仅味道好,同时对健康也很有好处。

大致了解李小龙的均衡饮食之后,在此选取他比较典型的一天膳食,看看他是怎样将均衡饮食落实到生活中的。

李小龙的一天:典型的饮食

早餐

食物:一碗燕麦片(当时流行的品牌是"瑞士麦"),里面有全谷类、坚果、干果加2%的牛奶。

饮料:橙汁和/或茶

点心

果汁或蛋白质饮料:由蛋白质粉、非速溶奶粉加水或果汁、鸡蛋(有时不去壳)、麦芽、香蕉或者其他水果,有时候还会加花生酱。此外,还经常加入酵母粉。

午餐

食物:肉类、蔬菜和米饭

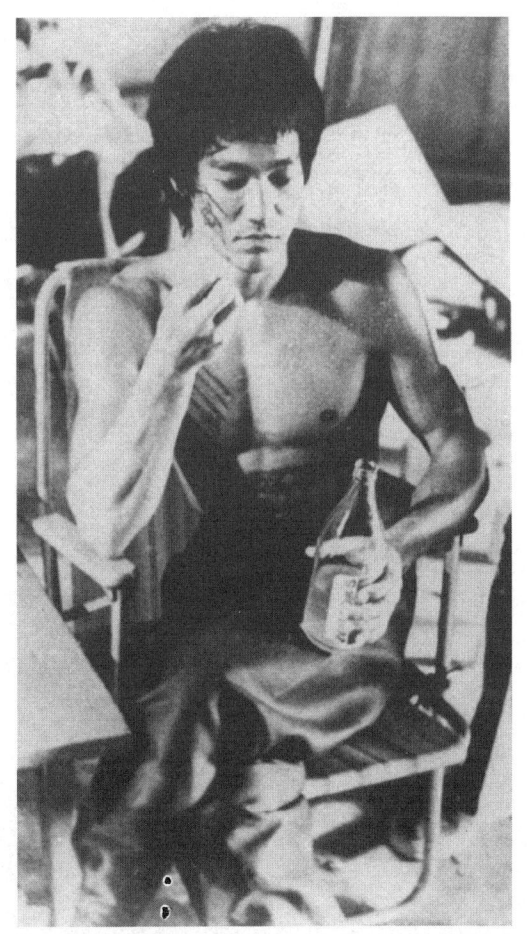

饮料：茶

点心
果汁或蛋白质饮料：同早餐后。

晚餐
食物：意大利面和沙拉，或是米饭搭配蔬菜和猪肉（鸡肉或海鲜）。
饮料：一杯含 2% 牛奶和 / 或茶的饮品。

李小龙认为，每个人都应该对自己每天所需消耗的营养有所了解。在《龙争虎斗》电影脚本中，李小龙在台词中提到人们每天只需摄取身体实际需要的那些能量，而不应沉迷于烹调的乐趣之中："如果你是一位武术家，应该尽量让自己变得强大，这样就必须使自己挑战一些极限来成为真正的武术家。其中一个挑战，就是不能沉迷于口腹饮食之乐，而应该顺从身体的需要来选择食物。"李小龙同时写道："作为一位武术家，你只吃自己所需要的，任何对训练无益的食物都应该拒绝。"

总之，李小龙坚持要远离那些空有热量而毫无营养价值的食物，尤其要远离精制糖、高脂肪、油炸食品和酒精。

第五部分

日常训练摘录

普通一天：李小龙的训练方法是如何形成的

没人能够想象在李小龙短暂的一生中，花在研究和训练上的时间有多长。李小龙早前的弟子查克·诺里斯有一次说：

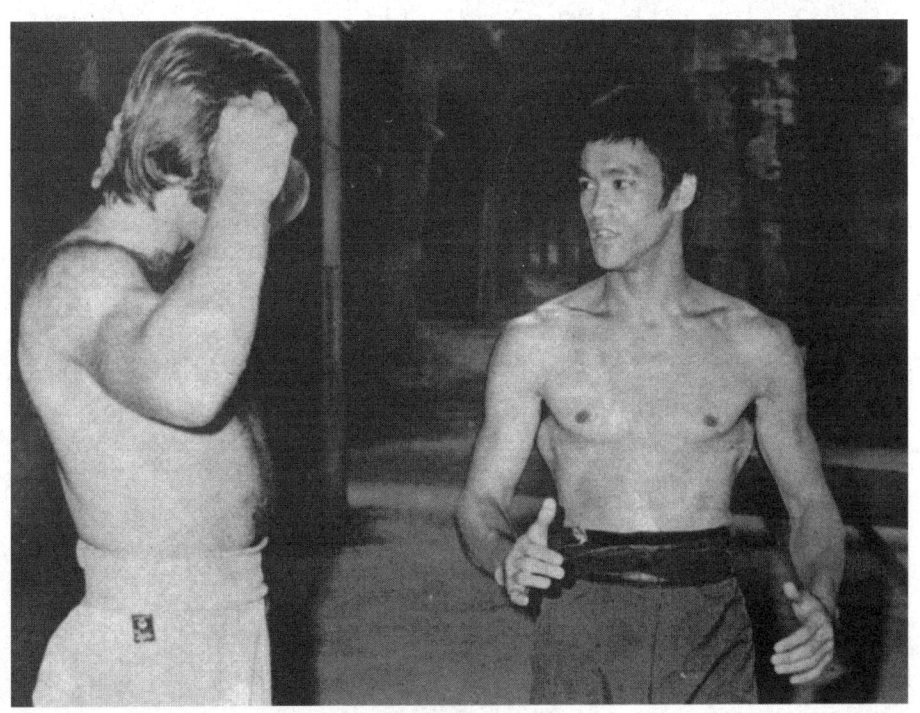

从来不曾有人像李小龙一样训练——近乎狂热。每天他从6点起床到晚上睡觉，训练就是他的生命和呼吸，他如果不是在训练，就是在思考。他的思维总是很活跃，从不停歇。他不停地在思考那些能够不断改进的训练方式，或潜在的新的训练方法。他的头脑永远都不会停止转动。

众所周知，李小龙曾经对很多不同的武术和训练计划进行过体验或实验。通过对李小龙长达10年之久的训练计划的取样研究，我们发现了其中有趣的发展历程。

首先，这一个稳定的流变过程。在这个过程中，李小龙将重心从不断学习新的或更多技术以及持续的技术练习，转移到不断削减他已经掌握的技术，抛弃那些他认为不切实际或不必要的。与此同时，对于那些他认为是徒手格斗中本质性的、高效实用的核心技术，则通过不断增加针对性的辅助训练来予以重点支持和专项发展。

例如，通过研究李小龙1963年的训练记录，我们发现他当时练习的可以说是传统又经典的技艺。那时他常演练的是"模式化的成套动作"或咏春拳（一种传统的中国武术）特有的套路。小念头以及木人桩就是他的主要日常训练内容。

在此期间跟随李小龙训练并对他颇为熟悉的弟子木村武之和杰西·格洛弗回忆，李小龙一天会花三个小时乃至更多在木人桩的练习上，然后每天练习数遍咏春拳的套路，最后再进行拳法和踢法的专项训练。

到了 1965 年，李小龙将西洋拳的"1-2"连击拳法（右刺拳，左交叉拳）和中国武术的挂锤加入到他的咏春拳练习中。更重要的是，这时，李小龙已经利用杠铃来努力训练前臂，通过有氧训练来增强耐力，同时，开始针对自己的腹部进行专门训练。

1968 年，李小龙放弃了小念头练习（至少在他自己的训练计划中已经看不到了），取而代之的是来自西洋拳的明显影响（即勾拳、刺拳、上勾拳和交叉拳）。

到了 1970 年，他的训练计划就已经进化成完美、高效的现代交叉训练计划的示例：负重训练培养力量，跑步和骑健身自行车改善心血管机能，伸展运动提升身体的柔韧性，重沙袋练习掌控时机和劲力，速度沙袋用于培养节奏感和时机感，高低沙袋训练锻炼协调性和精准性。更进一步的是，他科学分解了自己的训练计划，使之能够更好地集中于截拳道最核心的技术内容，如星期一、星期三、星期五练习手法，星期二、星期四和星期六则练习腿法等。

这时，你会发现来自于咏春的传统影响，在李小龙的训练计划中似乎完全看不到了。没有套路的练习，没有木人桩的练习，也没有空拳的练习。他的踢法也不像咏春强调的那样局限在较低的角度。当然，这并不能说李小龙已经完全忘记或废除了传统知识和技能，而是它们已经嵌入了他神经肌肉的最深处，只需要随时启动。

无论如何，李小龙先进的截拳道训练计划告诉我们，到20世纪70年代时，他强调的是更为精简、高效的流动性打击和踢击的技术方法，以及通过不断发展一些高效的辅助训练手段，来支持这些技术更好的发挥。

1963 年左右

李小龙的个人训练大纲

1. 拳功

    a. 空拳练习—3组，每组50个

    b. 沙碟练习—3组，每组50个

    c. 吊沙包练习—3组，每组50个

2. 压腿

    a. 正压—3组，每组12个

    b. 侧压—3组，每组12个

3. 踢腿

    a. 直踢—3组，每组12个

    b. 侧踢—3组，每组12个

    c. 腿法组合—3组，每组12个

4. 木人桩

    a. 108式动作

    b. 单式对练

    c. 入桩法

5. 拳术训练—小念头、手法、咏春拳

6. 单式对练

7. 黐手

8. 无限制自由搏击

1965 年左右

李小龙的训练计划表

星期	时间	内容
星期一	10：45—12：00	前臂
	17：00—18：00	腹部
星期二	10：45—12：00	拳法
	13：30—14：30	耐力和敏捷性
	17：00—18：00	腹部
星期三	10：45—12：00	前臂
	13：30—14：30	耐力和敏捷性
	17：00—18：00	腹部
星期四	10：45—12：00	拳法
	17：00—18：00	腹部
星期五	10：45—12：00	前臂
	17：00—18：00	腹部
星期六	10：45—12：00	拳法
	12：00—14：30	耐力和敏捷性
	17：00—18：00	腹部
星期日	10：45—12：00	休息
	17：00—18：00	休息

手法训练

A.

1. 标指
2. 诱击
3. 拍手和爆炸性连环直冲
4. 内门拍手然后攻击对手右侧
5. 擸手

B.

1. 拍手
2. 擸手
3. 挂锤
4. 直拳到挂锤（左和右）
5. 拍手到挂锤
6. 双擸手
7. 低位打到挂锤
8. 低位打到挂锤到踢击
9. 内门攻击
10. 内门爆炸性连环直冲
11. 低位打到挂锤

防御意识

1. 截打—踢击和标指
2. 转移然后出击
3. 截打或截踢
4. 通用出击和/或踢击
5. 四角反击
6. 腿障踢

经典手法

1. 拍手
2. 擸手
3. 挂捶
4. 低位打到挂捶（左和右）
5. 拍手到挂捶
6. 双擸手和挂捶

7. 低位拳到挂捶，擸手到挂捶
8. 窒手（拉下对手的防御手臂然后攻击）
9. 低位打到挂捶到踢击
10. 内门攻击
11. 内门攻击到低位挂捶
12. 内门踢击到爆炸性连环直冲

1. 预备式
2. 右手拳

   a. 从预备式出击

   b. 自由式出击

   c. 学习无规则的节奏

3. 运用左手从预备式出击

   a. 直击

   b. 收下巴并转移线路

   c. 向右迅速撤回，防御需要，同时也是战术需要

   d. 动作迅速、精简

4. 踢法的灵活运用（迅速恢复至警戒式，移动中出击）
5. 勾拳

   a. 紧凑且短促

   b. 放松和轴转

   c. 保持相应的防御手

其他技术

1. 高 / 低（左和右）
2. 1–2 连击

组合技术

1. 胫踢结合拍手和直拳

2. 标指到低位击打下阴到直拳

3. 后腿踢击和标指

4. 佯踢到标指到爆炸性连环直冲

1968年左右

日常练习

1. 伸展运动和腿部拉伸

```
• EVERY DAY                                    REMARKS

• A)   STRETCHING & LEG EXTENSION

• (B).  GRIP POWER.
          1) GRIP MACHINE ------ 5 SETS OF 5
          2) PINCH GRIP   ------ 5 SETS OF 6
          3) CLAW GRIP    ------ 5 SETS OF
          4) FINGER LIFT  ------ ALL

• C).  CYCLING   ------            10 MILES

• D).  BENCH STEPPING. ----- 3 SETS

• E).  READING.

• F)   MENTAL CHARGE  -----    THINK ABOUT
                               CHARACTER. EVERYTH
                               THAT COMES!

• 7).  CONSTANT HAND GRIP.
```

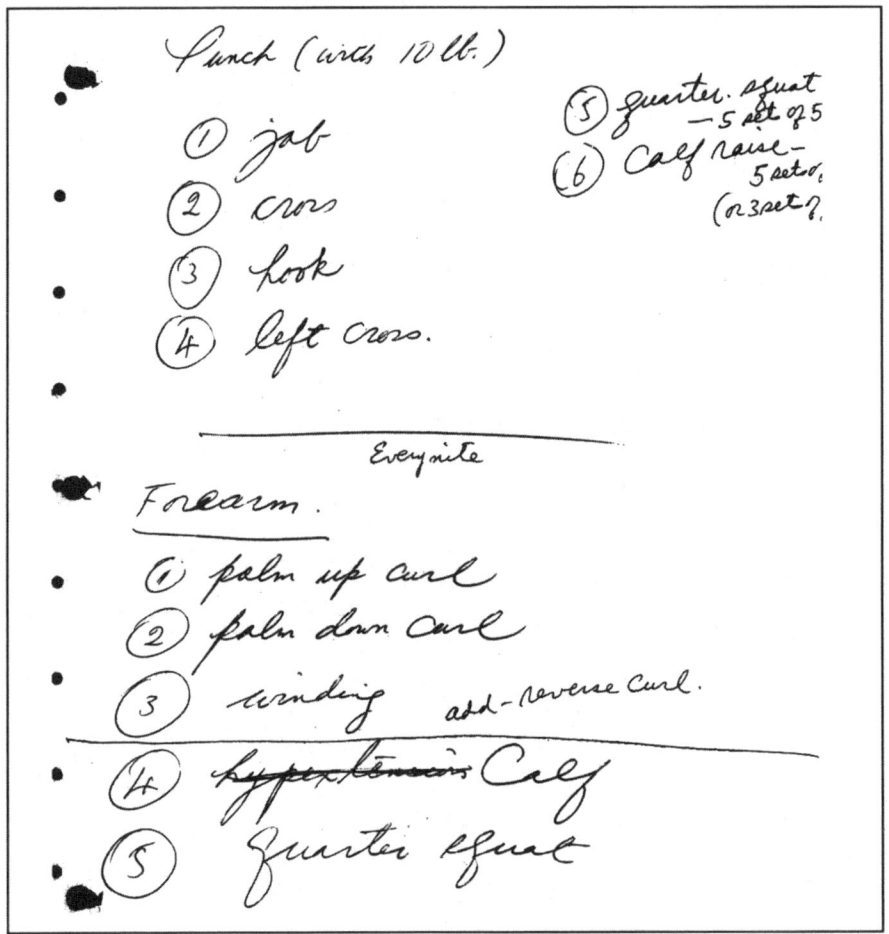

2. 握力

    a. 握力器—5 组，每组 5 个

    b. 捏握—5 组，每组 6 个

    c. 抓握—5 组，每组尽可能多做几个

    d. 手指提物—全部

3. 骑健身自行车—10 英里

4. 跳深—3 组

5. 读书

6. 精神训练—角色想象，设计各种情境！

7. 连续的握力练习

夜间练习

1. 手掌向上卷腕

2. 手掌向下卷腕

3. 缠绕

4. 反握弯举

5. 半蹲上举—5组，每组5个

6. 提踵—5组，每组5个（或3组，每组8个）

拳法

1. 勾拳

2. 左交叉拳

3. 标指

耐力

1. 慢跑

柔韧性/敏捷性训练：脚

1. 踢

2. 旋踢

技巧性练习

1. 黐手

2. 搭档训练

3. 手法练习

4. 实战对练

5. 腹部练习

星期一	星期二	星期三	星期四	星期五	星期六	星期日
9:00—9:30	9:00—9:30	9:00—9:30	9:00—9:30	9:00—9:30	9:00—9:30	9:00—9:30
练习	练习	练习	练习	练习	练习	练习
9:30—10:00	9:30—10:00	9:30—10:00	9:30—10:00	9:30—10:00	9:30—10:00	9:30—10:00
跑步	跑步	跑步	跑步	跑步	跑步	跑步
10:00—11:30 早餐							
11:30 手部功力训练——拳、手指和擒手						
12:30 午餐						
16:00—17:30	16:00—17:30	16:00—17:30	16:00—17:30	16:00—17:30	16:00—17:30	16:00—17:30
手和肘	脚和膝	手和肘	脚和膝	手和肘	脚和膝	手和肘
或二选一	或二选一	或二选一	或二选一	或二选一	或二选一	或二选一
20:00—21:30	20:00—21:30	20:00—21:30	20:00—21:30	20:00—21:30	20:00—21:30	20:00—21:30

侧踢

1. 低位—左/右
2. 高位—左/右

直踢

1. 低位—左/右
2. 中位—左/右

勾踢（从右预备式出击）

1. 低位—左/右
2. 中位—左/右

1. 直踢 / 侧踢
2. 直踢 / 后踢
3. 低侧踢 / 高侧踢
4. 右—左
5. 左—右

右直踢（右和左）
    a. 起势
    b. 中间
    c. 完成

踢击悬挂的木板垫靶（卷藁垫靶[①]）

1. 勾踢
    a. 低位
    b. 中位
    c. 高位
2. 侧踢
    a. 低位
    b. 中位
    c. 高位
3. 旋踢
4. 反身踢
5. 前踢

左交叉跺踢

1. 直踢胫骨

---

① 是在传统空手道中不可或缺的功力训练器具，用来训练拳脚硬度、力度及爆发力。一般是用木条刨制及整支插入地面，在其最高端有衬垫形成靶面供训练。——译者注

2. 截踢胫骨
3. 侧踢胫骨

1. 下阴踢（快速撤回）
2. 侧踹踢（快速撤回）

注意弧度，以增加角度和适应性
组合踢击法

1. 一条腿的组合踢击
2. 两条腿的组合踢击

在悬挂的木板垫靶上的拳法练习

1. 刺拳
    a. 拳
    b. 指
2. 勾拳
3. 交叉拳
4. 上勾拳
5. 掌法
6. 肘法

拳法练习

1. 直拳
    a. 长直拳
    b. 标准直拳
2. 挂捶
3. 标指

前手拳（组合）练习

1. 1-2 连击
2. 1-2 连击—勾拳
3. 右拳击身体—右拳击下巴—左拳击下巴
4. 前手直冲—勾拳—交叉拳
5. 高位 / 低位直拳

拳法练习

1. 负重直拳—3 组
2. 拳套直拳—2 组
3. 直拳准备—2 组
4. 拳套肘击—2 组
5. 拳套勾拳—3 组

拳法训练（结合 10 磅重的哑铃）

1. 刺拳
2. 交叉拳
3. 勾拳
4. 左交叉拳

右手直拳

1. 高位和低位
2. 长拳和短拳

左手直拳

1. 高位和低位
2. 长拳和短拳

1. 墙靶
2. 重沙袋

1970—1971 年左右

1. 腹部和腰部（每天）

   a. 仰卧起坐

   b. 体侧屈

   c. 举腿

   d. 升旗动作

   e. 扭腰

   f. 体后屈

2. 柔韧性（每天）

   a. 正面拉伸

   b. 侧面拉伸

   c. 跨栏式伸展

   d. 坐姿伸展

   e. 滑动式伸展

   f. 正面滑轮拉伸

   g. 侧面滑轮拉伸

3. 负重练习（星期二、星期四、星期六）

   a. 挺举—2 组，每组 8 个

   b. 深蹲—2 组，每组 12 个

   c. 屈臂上提—2 组，每组 8 个

   d. 仰卧推举—2 组，每组 6 个

   e. 体前屈—2 组，每组 8 个

   f. 弯举—2 组，每组 8 个

或者

   a. 挺举—4 组，每组 6 个

   b. 深蹲—4 组，每组 6 个

   c. 体前屈—4 组，每组 6 个

d. 仰卧推举—4组，每组5个

　　e. 弯举—4组，每组6个

4. 踢法（星期二、星期四、星期六）

　　a. 侧踢—右和左

　　b. 勾踢—右和左

　　c. 旋踢—右和左

　　d. 后脚前踹—右和左

　　e. 脚跟踢—右和左

5. 拳法（星期一、星期三、星期五）

　　a. 刺拳—速度球、发泡靶、高低沙袋

　　b. 交叉拳—发泡靶、重沙袋、高低沙袋

　　c. 勾拳—重沙包、发泡靶、高低沙袋

　　d. 抬手过肩交叉拳—发泡靶、重沙包

　　e. 组合—重沙包，上下拉扯式速度球

　　f. 平台式速度沙袋训练

　　g. 高低沙袋

6. 耐力练习（固定式健身自行车）

　　a. 跑步（星期一、星期三、星期五）

　　b. 健身自行车（星期二、星期四、星期六）

　　c. 跳绳（星期二、星期四、星期六）

李小龙日常健身程序分解

星期一至星期六（腹部和柔韧性练习）

1. 仰卧伸腿

2. 仰卧起坐

3. 侧卧伸腿

4. 举腿

5. 体侧屈

6. 跨栏式伸展

7. 升旗动作

8. 坐姿伸展

9. 扭腰

10. 劈叉伸展

11. 体后屈

12. 高踢

星期一、星期三、星期五（手法技术）

豆袋

1. 右刺拳

2. 右刺拳—泡沫靶

3. 左交叉拳

4. 右勾拳

    a. 紧凑

    b. 放松

    c. 向上

5. 抬手过肩左手拳

6. 组合

上下拉扯式速度球

1. 右刺拳

2. 左交叉拳

3. 右勾拳

4. 抬手过肩左手拳

5. 组合

6. 平台式速度沙袋—逐渐减速

星期二、星期四、星期六（腿部技术）

1. 右侧滑轮伸展
2. 右侧踢
3. 右侧滑轮伸展
4. 左侧踢
5. 左侧滑轮伸展
6. 右前脚勾踢
7. 左反身勾踢
8. 右脚后跟踢
9. 左转身后踢
10. 左反身前踢

星期二、星期四、星期六（负重训练）

1. 挺举

2. 深蹲

3. 仰卧推举

4. 弯举

5. 体前屈

李小龙的个人训练进度表（1970—1971）

星期	内容	时间
星期一	腹部和柔韧性	7：00—9：00
	跑步	12：00
	手	17：30—18：30 & 20：00—21：00
星期二	腹部和柔韧性	7：00—9：00
	负重	11：00—12：00
	腿	17：30—18：30 & 20：00—21：00
星期三	腹部和柔韧性	7：00—9：00
	跑步	12：00
	手	17：30—18：30 & 20：00—21：00
星期四	腹部和柔韧性	7：00—9：00
	负重	11：00—12：00
	腿	17：30—18：30 & 20：00—21：00
星期五	腹部和柔韧性	7：00—9：00
	跑步	12：00
	手	17：30—18：30 & 20：00—21：00
星期六	腹部和柔韧性	7：00—9：00
	负重	11：00—12：00
	腿	17：30—18：30 & 20：00—21：00

生命中的那些日子：李小龙个人训练日记摘录

即使无人支持，我仍会专注于我所做的一切，并使之不断完美。

——李小龙

1968年期间，李小龙总是一丝不苟地记录下他的每一个训练计划和他教授的所有私人课程。这些都成为李小龙推崇健身和健康生活方式的宝贵资料。幸运的是，琳达·李·卡德维尔妥善地保存了李小龙的日常笔记。这提供了各种各样的资源，让我们能够回顾并了解李小龙成为国际巨星前的那些日子（大约是1973年之前），更让我们得以观察他的训练方法，以及他在健身和成为功夫大师的道路上所付出的巨大努力。

从李小龙的这些日记，和他写给他多年的朋友和弟子李鸿新的一封信中，我们可以很明显地看出，1968年李小龙已经创建了一个自己的健身方案。李鸿新制作了一批质量很好、适用于练拳的四方形墙靶，供李小龙挂在后院篱笆墙上进行练习。李小龙在给李鸿新的一封信中提到："毫无疑问，你给我制作的这些练拳墙靶为我的训练提供了很大的帮助。我圣诞节前开始训练，并以此展开1968年的训练方案。我现在平均每天训练两个半小时，包括手部练习、腿部练习、跑步、静力锻炼、腹部练习、实战对打练习和无约束手法练习。你的训练器材对所有这些训练都很有帮助，真是非常感谢！"

从这些笔记中，可以直观地感受到李小龙在训练上的极大投入（如3月2日的日记中，他那天光是拳就练了2 000个！），从1968年1月1日直到1968年3月2日，这两个月期间的训练成果，也通过李小龙每天的记录而呈现出来。

李小龙1968年日记摘录

1968年1月1日，星期一

9：20—9：30

热身（腿部和腹部）

9：30—9：49

跑步

12：00—12：45

拳法：500个

标指：300个

15∶00—15∶55

1. 腿部深蹲
2. 腿部伸展
   a. 滑轮伸展
   b. 站立伸展
3. 勾踢
   a. 左和右
   b. 前和后

19∶30—19∶50

标指—100个

拳法—200个

21∶00—21∶30

仰卧起坐—4组

体侧屈—4组

举腿—4组

共计：2小时59分钟

1968年1月2日，星期二

9∶20—9∶25

热身（腰部、腿部、腹部）

9∶27—9∶41

跑步

11∶30—12∶35

拳法—500个

标指—400个

15∶00—15∶45

深蹲

拳法

1. 负重—3 组

2. 轻沙袋—20 分钟

3. 重沙袋—3 组

（以左手交叉拳练习为主）

17：15—17：45

仰卧起坐—5 组

体侧屈—5 组

举腿—5 组

20：20—20：24

前臂（静力练习）

共计：2 小时 53 分钟

1968年1月3日，星期三

7：00—9：00

功夫训练

（黐手练习—全部）

9：00—9：15

热身（腰部、腿部、腹部）

9：20—9：50

拳法（挂捶）—500个

跳绳—3组

10：00—10：30

标指—500个

11：05—11：15

跑步

15：05—16：00

1. 高踢腿伸展（左和右）—4组
2. 腿部侧伸展（左和右）—4组
3. 滑轮髋部伸展—3组
4. 右前脚勾踢

    a. 重沙袋—3组

    b. 纸靶—3组

5. 左后脚勾踢

    a. 重沙袋—3组

    b. 纸靶—3组

16：15—16：35

腹部和腰部

3种练习，每种练习4组

飞身侧踢

1968年1月4日，星期四

10：35—10：45

热身

11：15—12：20

左手拳—500个

右手拳—500个

12：53—13：07

跑步

15：05—15：25

拳法练习、负重练习、纸靶练习、跳绳

22：05—22：53

仰卧起坐—4组

举腿—4组

体侧屈—4组

前臂/腕部（静力锻炼）

1968年1月5日，星期五

热身

9：25—10：13

拳法

（右手）—500个

（左手）—500个

11：00

查克·诺里斯

（黐手练习）

16：10—17：00

腿部伸展

滑轮式和站立式（髋部）

直踢和侧踢

左侧踢练习

20：30

仰卧起坐—5 组

举腿—5 组

体侧屈—5 组

前臂 / 腕部（静力锻炼）

1968 年 1 月 6 日，星期六

9：10

热身

10：40

拳法—500 个

（中间指关节流血）

标指—500 个

黄锦铭来访

跑步到市中心

在唐人街与绮莉（琳达中学时期的朋友）的父母共进晚餐

1968 年 1 月 7 日，星期日

10：00

拳法—500 个

标指—500 个

腿部伸展

黄锦铭来访

黐手练习

11：30—12：00

前臂（静力锻炼）

截踢

21：10—21：55

腹部和腰部

仰卧起坐—5 组

体侧屈—5 组

举腿—5 组

顺路到唐人街的振藩国术馆

1968 年 1 月 8 日，星期一

9：35—10：40

热身

拳法—500 个

标指—500 个

10：50

负重跑步

17：15

体侧屈—5 组

举腿—5 组

仰卧起坐—5 组

20：45—21：30

伸展运动

　·滑轮，站立姿势

直踢和侧踢（左和右）

勾踢

　·右前脚

　·左后脚

前臂（静力锻炼）

迈克·斯通（Mike Stone）来访

1968年1月9日，星期二

10:00—11:00

拳法—500个

标指—500个

11:30

前臂/腕部（静力锻炼）

深蹲和站立姿势（静力锻炼）

11:45—12:15

腹部练习

仰卧起坐—4组

举腿—5组

体侧屈—4组

15:55

负重跑步

22:00

跳绳—3组

拳法练习

1. 负重

2. 轻沙袋

3. 重沙袋

（重点练习左手拳和左手过肩拳）

左勾拳

1968年1月10日，星期三

10:00—11:10

腿部伸展

    a. 站立式—3种伸展法

    b. 滑轮式—正面和侧面

    c. 踢击练习

11：15

跳绳—3 组

前臂/腕部（静力锻炼）

深蹲和站立姿势（静力锻炼）

11：45—12：20

腹部练习

举腿—5 组

仰卧起坐—5 组

体侧屈—5 组

15：15

负重跑步

17：20—17：45

拳法—500 个

19：30

水户上原（Mito Uyehara）、黄锦铭、理查德·巴斯蒂罗、赫布·杰克逊—练习

右前手拳

1968 年 1 月 11 日，星期四

10：45—11：25

跳绳—4 组

轻沙袋—5 组

（重点练习基本的出击技术）

11：55

前臂/腕部（静力锻炼）

深蹲/站立姿势（静力锻炼）

12：15—12：35

标指—500 个

13：45—14：18

单腿深蹲—2组

14：45—15：00

拳法（重复2组）—500个（共计1 000个）

15：15

负重跑步

22：00

腹部

仰卧起坐—5组

举腿—5组

体侧屈—5组

1968年1月12日，星期五

9：30—10：50

伸展

   a. 正面

   b. 侧面

   c. 膝关节

   d. 滑轮式伸展（侧面）

   e. 滑轮式伸展（正面）

跳绳—4组

11：00—12：00

腹部

举腿—6组

仰卧起坐—6组

体侧屈—6组

12：15

前臂/腕部（静力锻炼，2组）

14：20

标指—450 个

拳法—500 个

15：20

负重跑步

20：00

单腿深蹲—2 组

深蹲 / 站立姿势（静力锻炼）

拳法（重复练习）—300 个

1968 年 1 月 13 日，星期六

10：00

拳法—500 个

伸展运动

    a. 正面

    b. 侧面

    c. 膝关节

滑轮伸展

    a. 正面

    b. 侧面

拳法（重复练习）—500 个

腹部练习—2 组

前臂 / 腕部（静力锻炼）

1968 年 1 月 14 日，星期日

9：30

拳法—500 个

标指—100 个

跳绳—4 组

转身后踢

轻沙袋击打练习（右和左，重点练习左手拳）

跑步

功夫锻炼

（指关节出血）

黄锦铭、山姆（和女朋友）、琳达，准备去看演出

22：00

黄锦铭—黐手

1968年1月15日，星期一

11：45

腿部伸展

站立式

  a. 正面

  b. 侧面

  c. 膝关节

滑轮式

  a. 侧面

  b. 正面

15：45

腹部练习

  a. 举腿—5组

  b. 体侧屈—5组

  c. 仰卧起坐—5组

勾踢

16：45

跑步

深蹲/站立姿势（静力锻炼）

拳法（重复2组）—500个（合计1 000个）

前臂/腕部（静力锻炼）

1968 年 1 月 16 日，星期二

10：00

拳法—500 个

11：00

腹部练习

    a. 体侧屈—5 组

    b. 举腿—5 组

    c. 仰卧起坐—5 组

12：00

前臂 / 腕部（静力锻炼）

15：45

跑步

16：30

深蹲 / 站立（静力锻炼）

深蹲—2 组

拳法—500 个

标指—350 个

单腿深蹲—2 组

21：30

重沙袋（重点练习左手过肩拳）

拳法（重复练习）—500 个

外摆腿踢击

1968 年 1 月 17 日，星期三

10：55—12：05

伸展运动

站立式

    a. 正面

    b. 侧面

滑轮式

    a. 侧面

    b. 正面

跳绳—4 组

12：15

腹部

    a. 举腿—5 组

    b. 体侧屈—5 组

    c. 仰卧起坐—5 组

13：45

拳法—400 个

（中间指关节受伤）

标指—4 组

前臂 / 腕部（静力锻炼）

站立姿势 / 深蹲（静力锻炼）

14：40

单腿深蹲—2 组

15：30

跑步

19：30

摄影：唐人街振藩国术馆（与黄锦铭和丹·伊鲁山度）

1968 年 1 月 18 日，星期四

11：00—12：40

腹部练习

1. 仰卧起坐—5 组

2. 体侧屈—5 组

3. 举腿—5 组

跳绳—5组

轻沙袋（1-2连击）—3组

重沙袋练习（抬手过肩拳）—3组

15：20

单腿深蹲—2组

前臂/腕部（静力锻炼）

站立姿势/深蹲（静力锻炼）

15：45

跑步

（停止指关节练习一天）

17：30

与吉（Gee）一家共进晚餐

功夫锻炼

反身勾踢

1968年1月19日，星期五

11：00

拳法—500个

12：00—14：30

黐手—查克·诺里斯

21：00

腹部练习

体侧屈—5组

举腿—5组

仰卧起坐—5组

前臂/腕部（静力锻炼）

站立姿势/深蹲（静力锻炼）

单腿深蹲—2组

腿部伸展

站立式

1. 正面

2. 侧面

3. 膝关节

拳法（重复练习）—500 个

共计 1 000 次拳法练习

（第二个指关节起泡）

1968 年 1 月 20 日，星期六

15：30

跑步（先进行步法练习）

17：00

腹部练习

1. 仰卧起坐—5 组

2. 体侧屈—5 组

3. 举腿—5 组

前臂 / 腕部（静力锻炼）

站立姿势 / 深蹲（静力锻炼）

单腿深蹲—2 组

腿部伸展（同时伸展髋部）

滑轮式

   a. 侧踢

   b. 直踢

   （每个 3 组）

手指俯卧撑—3 组

拳法—350 个

1968年1月21日，星期日

10：00

跑步

黄锦铭—黐手

轻沙袋—3组

（左手交叉拳）

重沙袋—3组（左手过肩拳）

13：30

振藩国术馆晋级考试

拳法—350个

腹部练习

1. 仰卧起坐—5组

2. 体侧屈—5组

3. 举腿—3组

拳法（重复练习）—650个

共计练拳1 000次

前臂/腕部（静力锻炼）

单腿深蹲—2组

站立姿势/深蹲（静力锻炼）

1968年1月22日，星期一

10：00

腿部伸展

    a. 站立式

        ①正面

        ②侧面

        ③膝关节

    b. 滑轮式

侧踢

①体侧屈—5 组

②仰卧起坐—5 组

③举腿—5 组

14：45

拳法—500 个

16：00

站立姿势/深蹲（静力锻炼）

16：05

跑步

22：00

单腿深蹲—2 组

前臂/腕部（静力锻炼）

1968 年 1 月 23 日，星期二

10：00

拳法—500 次

站立姿势/深蹲（静力锻炼）

跳绳—4 组

举腿—6 组

15：26

前臂/腕部（静力锻炼）

15：35

轻沙袋

1. 左手交叉拳

2. 1-2 连击

15：48

跑步/冲刺

（右脚起了水泡）

腹部练习

仰卧起坐—3 组

站立姿势 / 深蹲（静力锻炼）

16：00

迈克·斯通—黐手

1968 年 1 月 24 日，星期三

8：30

拳法—500 个

9：15

拳法（重复练习）—500 个

10：40

站立姿势 / 深蹲（静力锻炼）

单腿深蹲—2 组

腹部练习

1. 举腿—6 组

2. 仰卧起坐—6 组

3. 体侧屈—6 组

11：30

腿部伸展（站立式）

1. 正面

2. 侧面

3. 膝关节

腿部伸展（滑轮式）

   a. 侧面

   b. 正面

轻沙袋

1. 1-2 连击

2.左手交叉拳

14：00

黄医生（Dr. Wong）

水户上原、黄锦铭、赫布、黄医生、李鸿新、吉、琳达

功夫锻炼

黐手

1968年1月25日，星期四

黐手（距离）

13：00

乔·刘易斯

跑步（慢跑）

腹部练习

仰卧起坐—6组

举腿—6组

体侧屈—6组

单腿深蹲—2组

前臂/腕部（静力锻炼）

站立姿势/深蹲（静力锻炼）

轻沙袋

1-2-3组合拳法—3组

重沙袋

1.抬手过肩拳

2.交叉拳（高位—低位）—3组

1968年1月26日，星期五

9：45

拳法—500个

11：10

腿部伸展

站立式

   a. 正面

   b. 侧面

   c. 膝关节

滑轮式

   a. 正面

   b. 侧面

腹部练习

右手交叉拳

1. 仰卧起坐—6 组

2. 举腿—6 组

3. 体侧屈—6 组

14：00

前臂 / 腕部（静力锻炼）

站立姿势 / 深蹲（静力锻炼）

15：05

跑步 / 冲刺（3 英里）

18：00—18：50

乘坐 645 次航班飞往奥克兰

参加严镜海的惊喜聚会

1968 年 1 月 27 日，星期六

（在奥克兰）

跑步

和黄锦铭、严镜海及其家人在一起

1968年1月29日，星期一

11：00

拳法—1 000次

15：00

腹部练习

1. 举腿—6组

2. 仰卧起坐—6组

3. 体侧屈—6组

单腿深蹲—2组

16：00

前臂/腕部（静力锻炼）

站立姿势/深蹲（静力锻炼）

21：15

腿部伸展

   a. 正面伸展（左）

   b. 侧伸展（双）

   c. 膝关节伸展（右）

右勾拳

1968年1月30日，星期二

11：00

拳法—500个

15：30

拳法（重复练习）—350个

16：15

腹部练习

   a. 仰卧起坐—6组

   b. 举腿—8组

   c. 体侧屈—6组

15：00

健康检查（取消）

17：30

单腿深蹲—2 组

站立姿势 / 深蹲（静力锻炼）

前臂 / 腕部（静力锻炼）

1968 年 1 月 31 日，星期三

10：30

乔·刘易斯来访

15：00

参加《黑带》杂志社会议（有关功夫、空手道、柔道、剑道、合气道）

拳法—500 个

轻沙袋

1. 左手交叉拳

2. 1-2-3 组合拳法

19：00

查克·诺里斯与黄锦铭来访

1968 年 2 月 1 日，星期四

（李国豪的生日）

15：00

拳法—800 个

15：50

腹部练习

1. 仰卧起坐—6 组

2. 举腿—6 组

3. 体侧屈—6 组

22：00

前臂/腕部（静力锻炼）

单腿深蹲—2 组

站立姿势/深蹲（静力锻炼）

跳绳—3 组

1968 年 2 月 2 日，星期五

11：00

腹部练习

1. 体侧屈—6 组

2. 举腿—6 组

3. 仰卧起坐—6 组

17：00

单腿深蹲—2 组

完成"*The Peng Pu Chuan*"① 的翻译

1968 年 2 月 3 日，星期六

12：00

腹部练习

仰卧起坐—6 组

体侧屈—6 组

举腿—6 组

15：30

轻沙袋—3 组

---

① 具体中译名暂不详，仅列英文以供参考。——编者注

a. 1–2 连击

b. 1–2–3–2 组合拳法

16∶00

拳法—400 个

重沙袋—左拳击躯干

21∶00

单腿深蹲—2 组

1968 年 2 月 4 日，星期日

11∶00

腹部练习

1. 举腿—8 组

2. 仰卧起坐—6 组

3. 体侧屈—6 组

步法—注意时机和节奏

15∶00

拳法—500 个

勾踢—从远距离出击

拳法（重复练习）—350 个

1968 年 2 月 5 日，星期一

13∶00

拳法—600 个

16∶30

轻沙袋训练

17∶00

腹部练习

1. 举腿—6 组

2. 体侧屈—6 组

3. 仰卧起坐—6 组

拳法（重复练习）—300 个

单腿深蹲—2 组

到《黑带》杂志社取书

1968 年 2 月 6 日，星期二

拳法—500 个

腹部练习

1. 仰卧起坐

2. 举腿

3. 体侧屈

（每个 6 组）

拳法（重复练习）—500 个

拳法练习共计 1 500 次

修车

1968 年 2 月 7 日，星期三

12：00

小乔来访

14：00

拳法—500 个

拳法（重复练习）—500 个

共计：1 000 次

15：00

腹部练习

   a. 仰卧起坐—6 组

   b. 举腿—6 组

c. 体侧屈—6 组

1968 年 2 月 8 日，星期四
拳法—500 个
与皮特·刘（Lou Pitte）交谈
黄锦铭来访

1968 年 2 月 18 日，星期日
20：15—21：00
742 次航班（延误至 21：00）
拳法—500 个

1968 年 2 月 19 日，星期一
休息
拳法—500 个
迈克·斯通来访

1968 年 2 月 20 日，星期二
拳法—500 个

1968 年 2 月 21 日，星期三
拳法—800 个
水户上原、黄锦铭、赫布（锻炼）

1968 年 2 月 22 日，星期四
拳法—2 000 个
左手 100 个

1968 年 2 月 23 日，星期五

拳法—1 000 个

左手 200 个

1968 年 2 月 25 日，星期日

拳法—右手 500 个

左手 200 个

某些理想主义者到访？（取消了）

1968 年 2 月 26 日，星期一

12：00

和阿诺德·黄（Arnold Wong，即黄医生）共进午餐

拳法—500 个（右手）

拳法—200 个（左手）

迈克·斯通来访

1968 年 2 月 27 日，星期二

15：00—15：45

342 次航班

拳法—500 个（右手）

拳法—200 个（左手）

1968 年 2 月 28 日，星期三

拳法—1 000 个

乔·刘易斯来访

1968 年 2 月 29 日，星期四

9：00

小乔来访

12：30

与菲茨西蒙（Fitzsimon）共进午餐

（致电谢华亮—约定下周见面）

拳法—1 000次

打印名片

1968年3月2日，星期六

史蒂夫·麦奎因（Steve McQueen）来访

14：30—17：00

到史蒂夫家拜访

拳法—2 000个

拳法—500个（左手）

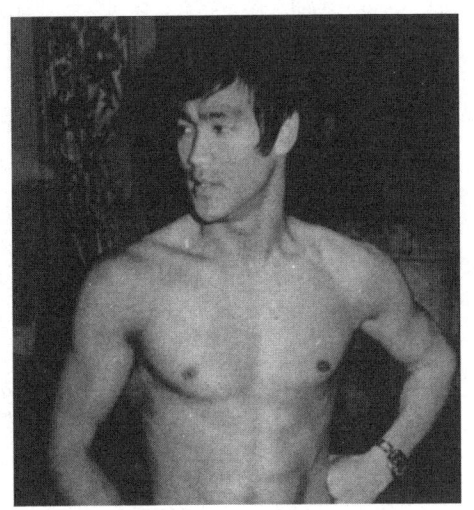

李小龙个人日常训练纲要

> 要运用头脑，创造属于自己的新方法来改善作用于功夫的身体功能，一味固守现有的方法和理念，只会画地为牢。
>
> ——李小龙

李小龙的运动量本已相当大，1971年他和家人移居香港之后则愈发增加。他抵达香港的时候，体重在135～140磅，而当他完成《龙争虎斗》的拍摄之后，体重是125磅。有人试图将这个体重变化看作他最终走向死亡的证明，但这并没有事实根据。事实上，在李小龙减掉10～15磅体重的这两年时间里，他一直住在气候湿热的香港，拍电影又不断地增加了他的运动强度——比如说，1971—1973年间，

他为电影拍摄了几十场武打镜头，同时，他还会编排拍摄数以百计的、可能需要的武打镜头，以备随时剪辑选取。

单就这些打斗镜头和大量的备选取镜，就至少等同于一天完成好几堂当今非常流行的"karaerobics"、"box-out"等有氧格斗操，以及一些强化心脑血管、有助脂肪燃烧的运动。此外无论天气如何，李小龙每天都坚持在香港的湿热空气中跑2英里。同时，他还坚持练习截拳道。1972年8月，他告诉美国记者亚历克斯·本·布洛克（Alex Ben Block），自己每天大概都会花2个小时在截拳道的训练上，除此之外，还特别安排一些负重训练。这些高强度的练习并不是为了减肥瘦身，但还是会带来一些后果，比如水分的流失。事实上，这样的瘦身效果，在从事各种运动的运动员身上都很常见，只是没人做过专门的声明。正如作家加布·米尔金（Gabe Mirkin）和马歇尔·霍夫曼（Marshall Hoffman）在《运动医学》（*The Sportsmedicine*）一书中所说：

炎炎夏日，费城的棒球投手拉里·克里斯滕森（Larry Christenson）和足球明星小凯尔·罗特（Kyle Rote）会减掉12磅；网球选手布奇·布赫霍尔兹（Butch Buchholz）会减掉10磅；篮球明星凯文·墨菲（Calvin Murphy），5磅；保罗·赛拉斯（Paul Silas），17磅。在1968年奥林匹克的马拉松赛中，罗恩·道斯（Ron Daws）就减掉9磅，相当于他当时体重的6%，尽管他每2英里就会喝一次饮料来补充水分。这些体重下降基本上都是由于出汗。

如此比较起来，李小龙的训练强度如果和上述运动员差不多的话，那么在两年时间里减掉这么多体重事实上并不算太夸张。

你也许会问："这么高强度的训练，不会过度吗？"事实上，早在1970年李小龙的弟子鲍勃·布雷默（Bob Bremer）就问过李小龙这个问题。李小龙当时的回答是："我觉得过度训练总比训练不够要好。"要注意的是李小龙这样回答的对话背景，他所谈论的并不是负重训练。尽管这也是李

小龙系统化训练的一部分（被认为只需隔一天进行一次）。在这里，李小龙对布雷默谈的是他的武术技巧训练，以及心血管功能和柔韧性训练。就像任何运动员要想精通特定的技巧或技艺，那么就必须每天进行上述这些训练。在武术训练中，有时候一个拳法或一个踢法，必须经过每天成百上千次的反复练习，才能在神经肌肉中建立记忆，形成规范的技术动力定型，从而在实战中自如、高效、本能地运用这些技巧。不同于拳击，李小龙的截拳道需要技术不断精进，而不单单局限于拳击的4种拳法（即刺拳、交叉拳、上击拳和勾拳）。在《截拳道：李小龙武道释义》①一书"截拳道武器库"的标题下，李小龙就罗列了如下130种技术②：

- 10种不同的侧踢
- 4种前脚直踢
- 1种下阴踢
- 2种向上的踢法
- 1种撤步直踢
- 11种勾踢
- 3种勾扫踢
- 5种转身后踢
- 5种脚跟踢（包括直腿和屈腿两种情况）

---

① 上述内容在《截拳道：李小龙武道释义》中文版的62～68页。——编者注
② 作为科学的街头格斗技，截拳道虽然可以罗列出127种技术，但必须提醒的是，在同一本书中，李小龙专门列举的截拳道上、下肢核心踢拳技术其实只有7种，即前手直冲、勾拳、挂捶、交叉拳，以及前脚胫/膝踢、侧踢和勾踢，除此之外，包括李小龙在书中列举过的所有擒摔技、地面技和无限制的自卫技巧等，都属于截拳道其他攻击武器选项，或核心技术的演化应用范畴。李小龙原本截拳道技战术体系最集中的特征并不是繁多的技术，而是7个字——精简、直接、非传统性。——编者注

- 8 种反身直踢
- 3 种右前手标指
- 6 种右前手直拳
- 6 种右手勾拳
- 5 种左手交叉拳
- 4 种右手挂锤
- 4 种右手 90 度摆击
- 2 种上击拳
- 3 种轴心攻击
- 13 种肘击
- 4 种膝法
- 4 种头撞
- 2 种勾臂投摔（一个勾臂，一个不勾臂）
- 2 种左勾扫（右手在前或左手在前姿势）
- 2 种右勾扫（右手在前或左手在前姿势）
- 2 种后踢摔（右手在前或左手在前姿势）
- 2 种单腿抱摔（站立或倒地）
- 1 种双腿抱摔（运用双腿和脊柱扭转锁住对手）
- 2 种外侧的腋下锁（右手在前或左手在前姿势）
- 2 种腕锁（一种十字腕锁，一种是挤肘腕锁）
- 1 种卧倒交叉手臂锁（接在勾拳之后）
- 1 种反向折腕锁（双臂锁）
- 3 种绞杀窒息术
- 1 种抓扯头发的方法（近身控制对手）
- 1 种近战中踩踏对方脚的方法（近身创痛对方）
- 1 种拧掐皮肉的方法（创痛对方）
- 1 种揪扯耳朵的方法（控制对手）
- 1 种抓下阴的方法

这些技术展示了李小龙于1970年的研究和实践，在这之后，其中的不少技术慢慢被抛弃了，有些则保留了下来，在李小龙生命中接下来的三年，还有更多的技术不断被检验。现在可以想象一下，如果你不加强训练的话，如何能够将所有的这些技术都掌握娴熟呢？

正如我们所看到的，李小龙花了大量时间用于研究和试验新的训练方案、理论、系统和方法。李小龙训练理论的基石便是不断实践，同时拒绝受限于任何具体的训练模式。李小龙认为如果千篇一律地用某种模式来做事，无论是学习、成长还是自身发展的潜能，都会由此被削弱。因此，李小龙一生中采用并身体力行地实践了诸多不同的训练方法。幸运的是，在他武术生涯的各个阶段，李小龙将那些训练方案都记录了下来。如果我们像李小龙一样，通过观察和利用各种不同的方法或指南，引导我们达成自我的进步和身体的觉醒，那么，就也能帮助我们发展在许多方面的优势，不断提升力量、协调性、敏捷性、速度等整体健身效果。如下，李小龙制定了适合自身的所有训练计划和课程，既包括武术专项训练，同时也包括各种补充性或辅助性的训练。

基础和柔韧性练习

运动基础

1. 根据不同的需求
2. 强调柔韧性和敏捷性的基础作用
3. 不要人为割裂训练
4. 跑步
5. 空拳练习

柔韧性练习日程1

1. 高踢和后部伸展

2. 侧面举腿

3. 体前屈

4. 触肘

5. 转腰

6. 交替椅上劈叉

7. 腿部伸展（正面，侧面）

8. 坐姿屈体

9. 跨步伸展

柔韧性练习日程 2

1. 腿部伸展（正面，侧面）

2. 体前屈

3. 体后屈（罗马凳）

4. 腹股沟伸展

协调性和精确性练习日程

高低沙袋训练日程

1. 右手刺拳

2. 左手交叉拳

3. 右勾拳

4. 左手过肩拳

5. 组合

6. 平台速度沙袋，逐步停止

手靶训练日程

1. 前手直冲拳（从开始位置出击）

2. 右刺拳

3. 左手交叉拳

4. 右上击拳

5. 左手交叉拳

6. 中位右勾拳（攻击身体）

7. 左手交叉拳

8. 右手交叉拳

9. 转换

10. 低位左手交叉拳

11. 高位左勾拳

12. 中位右勾拳（攻击身体）

13. 高位右勾拳

14. 左手过肩交叉拳

耐力/敏捷性训练日程

耐力/敏捷性训练

1. 交替劈叉—3组，每组20个

2. 深蹲跳—3组，每组10个

3. 上述两项每个3组，每组1分钟

敏捷性/耐力

1. 深蹲跳

2. 交替劈叉

3. 跳绳和步法练习

4. 拳和踢的组合（技术、速度和力量）

5. 腹部练习

a. 屈腿仰卧起坐

b. 举腿

c. 侧转

d. 蛙跳

e. 静力挤压

耐力练习

1. 跑步
2. 假想对战练习
3. 骑健身单车

软体操训练日程

晨练

1. 双腿拉直伸展
2. 仰卧起坐
3. 侧伸展
4. 举腿
5. 体侧屈
6. 跨栏式伸展
7. 升旗动作
8. 坐姿伸展
9. 转体
10. 腘绳肌伸展
11. 体后屈

基本健身日程

1. 交替劈叉
2. 俯卧撑
3. 原地跑步
4. 肩部绕环
5. 高踢
6. 深屈膝运动
7. 侧踢举腿
8. 仰卧起坐（外加身体拧转）
9. 转腰
10. 举腿
11. 体前屈

常规健身

1. 腰和腹部——仰卧起坐、举腿、转腰
2. 耐力（外加敏捷性）——跑步、单腿跳、跳跃
3. 握力和前臂训练——握力器、反握弯举、掌心向上卷腕、掌心向下卷腕

序列 1

1. 基本健身
2. 踢法
3. 拳法
4. 套路
5. 静力锻炼
6. 耐力
7. 握力和前臂

健身日程

1. 交替劈叉（锻炼耐力、腿、敏捷性）

2. 转腰（锻炼腹外斜肌）

3. 原地跑步（锻炼敏捷性、耐力、腿）

4. 肩部绕环（锻炼柔韧性）

5. 高踢（锻炼柔韧性）

6. 侧踢举腿（锻炼柔韧性）

7. 腿部伸展（正面/侧面）—转腰

8. 仰卧起坐（腹直肌—上部）

9. 举腿（腹直肌—下部）

振藩国术馆健身训练大纲

1. 交替劈叉

2. 转腰（每侧各3次）

3. 原地跑步

4. 肩部绕环

5. 高踢（膝关节挺直锁定）

6. 侧踢举腿

7. 屈膝式仰卧起坐

8. 转腰（每侧各1次）

9. 举腿

10. 体前屈（前、左、前、右各3次）

唐人街振藩国术馆热身训练1

（每组搭配的两个练习要轮流训练，直到每组的两个练习都重复两遍

为止）

1. 交替劈叉和转肩—2组

2. 原地跑步和转腰—2组

3. 屈膝式仰卧起坐和肩部绕环（单侧绕环/双侧绕环）—2组

4. 4拍举腿和吐纳功—2组

5. 交替触摸式举腿和吐纳功—2组

6. 高位直踢和侧踢举腿—2组

7. 深蹲跳（或弯身起跳）和吐纳功—2组

唐人街振藩国术馆热身训练2

1. 交替劈叉—2组

2. 转肩—2组

3. 原地跑步—2组

4. 转腰—2组

5. 高位直踢—2组

6. 肩部绕环—2组（双侧和单侧）

7. 侧举腿—2组

8. 吐纳功—2组

9. 交替屈体—2组

10. 吐纳功—2组

11. 4拍举腿—2组

12. 吐纳功—2组

13. 屈膝式仰卧起坐—2组

14. 吐纳功—2组

15. 弯身起跳—2组

16. 伸展练习—2组

振藩国术馆软体操训练

1. 腹部

    a. 仰卧起坐（手置于头前或置于头后；手臂悬空）

    b. 开合跳

    c. 完全举腿

2. 俯卧撑

    a. 手臂距离较远（起身拍手 1、2）

3. 四分之一蹲

    a. 二分之一半蹲

4. 立卧撑跳

    a. 两步完成

    b. 四步完成（包括站立起来）

    c. 四部完成，加上跳跃和躺卧

5. 背部

    a. 背部提升［单腿、手脚轮流颤动（两侧，高举过头）］

6. 双腿跳和延伸

    a. 直膝跳

    b. 直膝屈体跳

    c. 分腿式直膝屈体跳

7. 身体侧躺练习

    a. 屈膝

    b. 双腿固定

    c. 单侧交叉

    d. 双侧交叉

8. 踢击（所有方向）

a. 前面

   b. 侧面

   c. 后面

   d. 腹股沟伸展

      ① 屈膝式

      ② 双腿锁定式

   e. 提膝

   f. 可控制的（慢动作）

      ① 膝关节弯曲水平

      ② 实际的慢踢

9. 柔韧性伸展

   a. 腿

10. 台阶练习

基本健身练习

A. 基本健身练习

1. 交替劈叉

2. 原地跑步

3. 深蹲跳

4. 俯卧撑

平常的训练时机

1. 上楼梯

2. 单腿站立（在穿鞋的时候）

3. 散步

4. 宁静时的意识训练

B. 腰部

1. 转腰

   a. 固定

2. 体侧屈

3. 前后屈体

C. 腹部

1. 仰卧起坐

2. 举腿

D. 肩部

1. 转肩

2. 绕环和摆臂

E. 腿部

1. 转膝

2. 高踢

预备练习

1. 交替劈叉

2. 肩部绕环

1. 仰卧起坐

2. 呼吸收腹

1. 原地跑步

2. 转腰

1. 高踢

2. 举腿

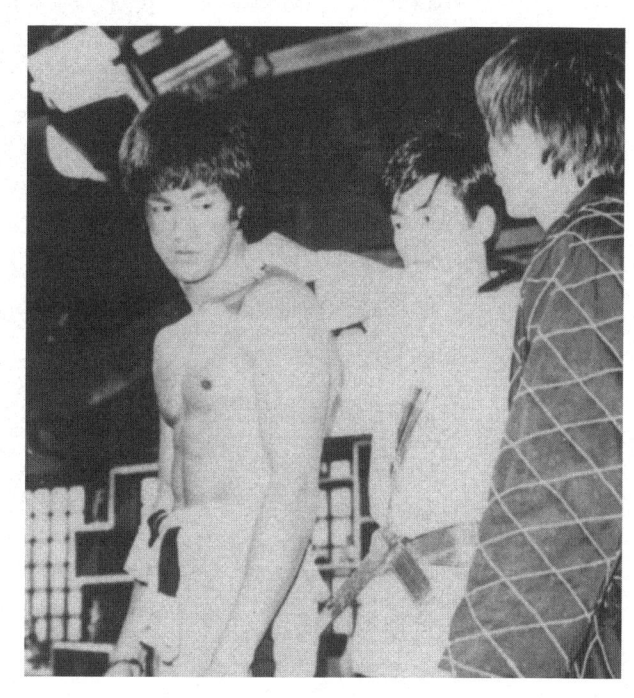

1. 深蹲跳
2. 肩部绕环

健身锻炼

1. 腹部
   a. 仰卧起坐
   b. 举腿
   c. 转腰
2. 肩部
   a. 绕肩
   b. 摆臂
3. 腿部
   a. 高踢（柔韧性）
   b. 摆腿
4. 敏捷性（常规）
   a. 交替劈叉
   b. 原地跑步
   c. 深蹲跳
   d. 俯卧撑

劲力/速度训练日程

1. 拳法打靶练习—重沙袋、轻沙袋、纸靶（和练习标指的面具）
2. 静力锻炼—向外施压
3. 负重训练
   a. 半蹲
   b. 仰卧推举

静力锻炼的日程

静力训练的 8 项基本训练

1. 锁定位置推举

2. 起始位置推举

3. 足跟上抬推举

4. 上拉

5. 深蹲（马步）

6. 耸肩

7. 硬拉

8. 四分之一蹲

高强度训练日程

胸部

    a. 压迫

    b. 扭转

手臂

    a. 弓箭式

    b. 直压

    c. 肱二头肌练习—站式，跪式

    d. 前臂练习

肩膀

    a. 头后压肩

    b. 头顶压肩

    c. 门角压肩

腹部

    a. 坐式下拉

b. 跪式压

c. 斜压

后背

    a. 跪式下拉

    b. 与大腿垂直下压

    c. 臀后压

    d. 弯身下压

    e. 硬拉

腿部

    a. 腿固定向外伸展

    b. 膝关节向外伸展

    c. 坐姿腓肠肌下压

    d. 膝关节向内挤压

    e. 脚背上抬

重复上述动作循环练习

负重训练 / 肌肉训练日程

一般负重训练日程

1. 推举
2. 深蹲
3. 弯举

负重训练

a. 腿部

- 深蹲
- 负重提踵

b. 握力
- 前臂
- 握力器

c. 综合劲力
- 深蹲
- 硬拉
- 仰卧推举

振藩负重训练日程

A. 腿部
1. 深蹲
2. 负重提踵

B. 握力
1. 前臂
2. 握力器

1. 小腿
2. 挤压
3. 静力锻炼

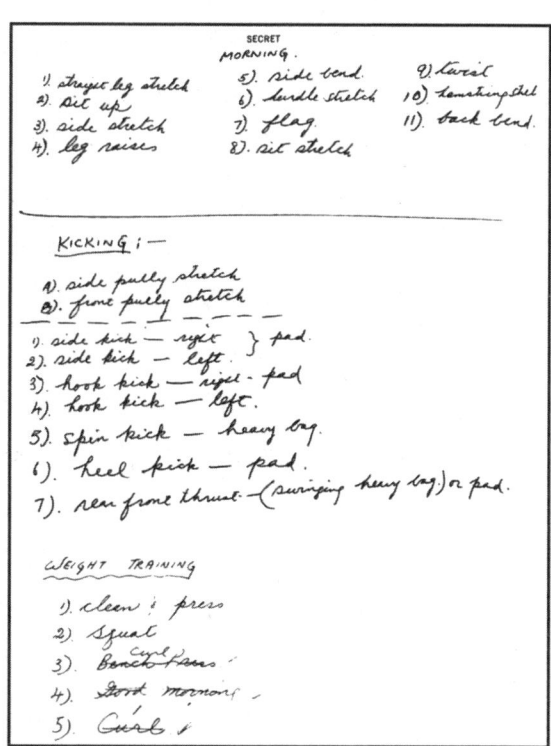

李小龙重沙袋拳法训练日程之一

注：每一个训练内容花费 1~2 分钟。夜间训练只要进行 1~2 个内容即可（方便的时候）。我经常在进行 1 个内容训练的同时，另外附加 1~2 个其他训练。

训练内容	技术
1	单一刺拳或刺拳连击
2	右刺拳（低位）到右勾拳或右刺拳
3	右刺拳（内门）到右勾拳（外门）
4-a	右刺拳到右挂锤
4-b	右刺拳（外门），右刺拳（内门）到左勾拳（低位）
5-a	右刺拳（高位）到右刺拳或勾拳
5-b	右刺拳（高位）到右刺拳（低位）到右勾拳（外门）
6	右刺拳（高位）到左交叉拳（高位）到左勾拳
7	右刺拳（高位）到左交叉拳（低位）
8	右刺拳（低位）到右勾拳（高位）到左交叉拳（高位）
9	右刺拳（高位外门）到左交叉拳/勾拳（高位内门）到右勾拳（低位）
10	右刺拳（高位）到左交叉拳（高位）到右勾拳（高位）
11	右刺拳（高位）到左交叉拳（低位）到右勾拳（高位）
12	右刺拳（高位）到左交叉拳（低位）到左勾拳
13	左交叉拳（低位）到右刺拳（低位）到左交叉拳（高位）
14	右刺拳（低位）到右勾拳/刺拳（高位）到左交叉拳/勾拳（低位）
15	右刺拳（低位）到左交叉拳（高位）到右勾拳（高位）到左勾拳（低位）
16	右刺拳（高位）到左交叉拳/勾拳（高位）到右勾拳（高位）到左交叉拳/勾拳（高位）到右勾拳（低位）
17	右刺拳（高位内门）到右刺拳（高位/正中心）到右勾拳（高位外门）到左交叉拳/勾拳（低位）
18	右刺拳（低位）到右勾拳（高位）到左交叉拳（低位）到右勾拳（高位）
19	右刺拳（高位）到右勾拳（高位）到左交叉拳（高位）到

（续表）

训练内容	技术
	右勾拳（低位）
20	右刺拳（高位）到右刺拳（中位）到右勾拳（高位）到左交叉拳/勾拳（低位内门）
21	右刺拳（低位）到右勾拳（高位）到右刺拳（低位）到左交叉拳/勾拳（高位）
22	直冲
23	左手佯攻（不击中）然后用右手出击（高位和低位）
24	左手佯攻（低位）到左勾拳（高位）
25	右刺拳（正中心）到左交叉拳/勾拳（高位内门）到右勾拳（高位）
26	右刺拳（正中心）到右勾拳（高位外门）到左勾拳（高位内门）

1. 重沙袋——右手长拳，左手长拳，左/右拳击（勾拳）
2. 纸靶——右手长拳，左手长拳，左/右拳击（直拳）
3. 踢法练习

    a. 分组1——侧踢/侧踢/后踢

    b. 单人踢法练习——下阴/膝/胫

    c. 双人踢法对练

劲力训练（补充训练）

1. 静力锻炼

- 向上向前的劲力
- 侧踢和直踢

2. 负重踢击

综合性的劲力训练程序

1. 半蹲
2. 硬拉
3. 仰卧推举

序列训练日程（整体健身）

序列 1a（星期一、星期三、星期五）

1. 跳绳
2. 体前屈
3. 猫式伸展
4. 开合跳
5. 半蹲
6. 高踢

序列 1b（星期一、星期三、星期五）

前臂/腰部

1. 转腰
2. 手掌向上卷腕
3. 罗马椅
4. 提膝
5. 体侧屈

6. 手掌向下卷腕

序列 2a（星期二、星期四、星期六）

1. 腹股沟伸展
2. 侧举腿
3. 深蹲跳
4. 肩部绕环
5. 交替劈叉
6. 腿部伸展—A，B

序列 2b（星期二、星期四、星期六）

1. 举腿
2. 反握弯举
3. 仰卧起坐扭转
4. 杠杆式扭转
5. 交替举腿
6. 腕力轴

整体（综合）训练

1. 手臂
   a. 挺举
   b. 弯举
2. 肩部
   a. 颈后推举
   b. 直立上拉
3. 腿部

a. 深蹲
4. 背部
   a. 划船
5. 胸部
   a. 仰卧推举
   b. 上提

腹部训练日程

腹部练习

1. 转腰—4 组，每组 70 个
2. 仰卧起坐扭转—4 组，每组 20 个
3. 举腿—4 组，每组 20 个
4. 向前倾身转腰—4 组，每组 50 个
5. 蛙踢—4 组，每组尽可能多个

腹部 / 腰部练习（2 组）

1. 罗马椅仰卧起坐
2. 举腿
3. 侧压
4. 跑步

前臂 / 握力训练日程

前臂训练

1. 手掌向上卷腕—4 组，每组 17 个
2. 手掌向下卷腕—4 组，每组 12 个

3. 单头哑铃弯举（A）—4 组，每组 15 个

4. 单头哑铃弯举（B）—4 组，每组 15 个

5. 反握弯举—4 组，每组 6 个

6. 腕力轴—4 组完整的缠绕

7. 单头哑铃转腕—3 组，每组 10 个

握力训练

每天把握合适的时间进行训练

1. 握力器—5 组，每组 5 个

2. 捏握—5 组，每组 5 个

3. 抓握—5 组，每组 5 个

手指上提

所有的 5 个手指（左右手）

腕部训练

1. 杠铃旋转—5 组，每组 5 个

2. 单头哑铃—3 组，每组 10 个

3. 加长的单头哑铃—3 组，每组 5 个

前臂训练

1. 手掌向上弯举

2. 反握弯举

1. 反握弯举—3 组，每组 10 个

2. 手掌向上弯举—3 组，每组 12 个

3. 手掌向下弯举—3 组，每组 12 个

4. 腕力轴—上下缠绕

（注：可随身携带一个海绵握力器，每天尽可能多做一些）

1. 反握弯举—3组，每组10个
2. 屈肌弯举（B或D）—3组，每组10个
3. 伸肌弯举（B或D）—3组，每组10个
4. 腕力轴—尽你所能

（注：B：杠铃，D：哑铃）

综合性前臂训练

手指—手指上提

握力—捏握，抓握，握力器

前臂—手掌向上、手掌向下及反握弯举

腕—单头哑铃，杠铃旋转

李小龙个人功夫训练计划

1. 拳法

   a. 空拳—3组，每组50次

   b. 沙碟—3组，每组50次

   c. 吊沙袋—3组，每组50次

2. 踢腿

   a. 压腿

   ① 正压—3组，每组12次

   ② 侧压—3组，每组12次

b. 直踢—3 组，每组 12 次

c. 侧踢—3 组，每组 12 次

d. 踢击组合—每个 3 组

3. 木人桩

a. 108 式动作

b. 单式练法

c. 入桩法

4. 组合拳术练习

a. 小念头

b. 咏春拳

5. 单人练习

6. 黐手

7. 无限制自由搏击

步法训练（自由模式 1—空拳练习）

可包括所有步法

1. 前滑步
2. 后滑步
3. 前拖步
4. 后拖步
5. 前推步
6. 后推步
7. 上步
8. 撤步
9. 右环绕步
10. 左环绕步

11. 右侧环步
12. 左侧环步
13. 交换步
14. 踵趾摇摆步
15. 钟摆步
16. 踏前（3种方法）
17. 三角式步法（2种方法）
18. 摇摆步

踢法前的准备练习

热身

    a. 滑轮侧面伸展

    b. 滑轮正面伸展

1. 热身

    a. 脱水

    b. 膝部充分活动

2. 猛踢
3. 侧身猛踢

踢法训练

1. 侧踢—右脚（踢靶）
2. 侧踢—左脚（踢靶）
3. 勾踢—右脚（踢靶）
4. 勾踢—左脚（踢靶）
5. 旋踢—重沙袋

6. 脚后跟踢—踢靶

7. 后脚前踹—踢摆动的重沙袋或脚靶

自由模式 2

包含：

1. 直踢

2. 勾踢

3. 侧踢

4. 后踢

5. 转踢 / 旋踢

6. 逆勾踢

踢法发出自：

1. 摆桩

2. 拖步

3. 滑步

4. 钟摆步

5. 上步和撤步

侧踢

1. 低位—左 / 右

2. 高位—左 / 右

直踢

1. 低位—左 / 右

2. 中位—左 / 右

勾踢（从右预备式出击）

1. 高位—左/右
2. 中位—左/右

1. 直踢/侧踢
2. 直踢/后踢
3. 低位侧踢/高位侧踢
4. 右—左
5. 左—右

1. 右直踢（右脚和左脚）
   a. 开始
   b. 中间
   c. 结束

悬挂式木板垫靶的踢法练习

1. 勾踢
   a. 低位
   b. 中位
   c. 高位
2. 侧踢
   a. 低位
   b. 中位
   c. 高位
3. 旋踢
4. 反身踢
5. 前踢

左交叉跺踢

1. 直踢胫骨
2. 截踢胫骨
3. 侧踢胫骨

1. 下阴踢（快速收回）
2. 侧踹踢（快速收回）

注意弧度，以扩大踢击角度并增强灵活性。

组合踢

1. 单腿踢法组合
2. 双腿踢法组合

悬挂木板垫靶的拳法练习

1. 刺拳
   a. 拳法
   b. 标指
2. 勾拳
3. 交叉拳
4. 上勾拳
5. 掌法
6. 肘法

拳法练习

1. 直拳
   a. 长直拳
   b. 标准直拳

2. 挂捶

3. 标指

可使用细绳和拳套（或纸靶，有声音效果）。

前手拳（组合）练习

1. 1–2 连击

2. 1–2 连击和勾拳

3. 右拳击上体—右拳击下巴—左拳击下巴

4. 前手刺拳—勾拳—交叉拳

5. 高位 / 低位直拳

拳法训练

1. 负重直拳—3 组

2. 拳套直拳—2 组

3. 进入直拳—2 组

4. 拳套肘击—2 组

5. 拳套勾击—3 组

拳法反复训练（负重 10 磅的哑铃）

1. 刺拳

2. 交叉拳

3. 勾拳

4. 左交叉拳

右直拳

  a. 高位和低位

  b. 长拳和短拳

左直拳

  a. 高位和低位

  b. 长拳和短拳

1. 墙靶

2. 重沙袋

手法训练

A.

1. 标指

2. 诱击

3. 拍手加爆炸性连环直冲

4. 内门拍手然后攻击对手右侧

5. 擸手

B.

1. 拍手

2. 擸手

3. 挂捶

4. 直拳到挂捶（左和右）

5. 拍手到挂捶

6. 双擸手

7. 低位攻击到挂捶

8. 低位攻击到挂捶到踢击

9. 内门攻击

10. 内门爆炸性连环直冲

11. 低位攻击到挂捶

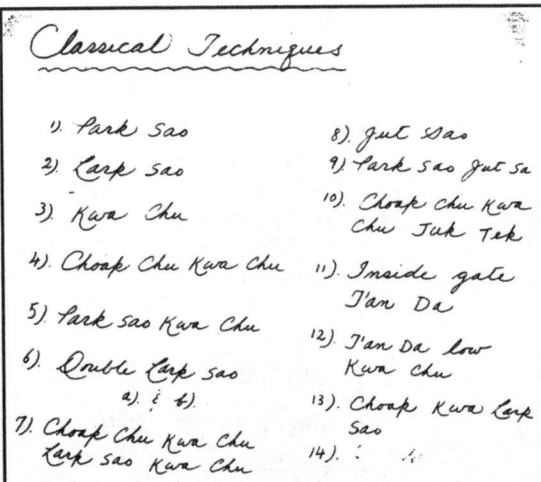

自卫术 1

1. 抓衣领（左手和右手）
2. 抓衣领（左手或右手）
3. 猛烈推撞
4. 背后出击

自卫术 2

1. 抓衣领（左手和右手）

（推—左手和右手）

2. 猛烈推撞（双手—或者在猛烈推撞之后踢击）
3. 右直拳

    a. 右手挥击

    b. 右手上击拳

    c. 右手弧形旋出

4. 左刺拳

    a. 左勾拳

    b. 左上击拳

    c. 左手挥击

    d. 左手弧形旋出

自卫意识

1. 截打—踢击和标指
2. 转移加攻击

1. 截打或截踢
2. 通用的打击和/或踢击
3. 四角反击
4. 腿障踢

经典手法

1. 拍手

2. 擸手

3. 挂捶

4. 低位出击到挂捶（左和右）

5. 拍手到挂捶

6. 双擸手和挂捶

7. 低位拳击到挂捶，擸手到挂捶

8. 窒手（拉下对方的防守手臂然后出击）

9. 低位出击到挂捶到踢击

10. 内门攻击

11. 内门攻击到低位挂捶

12. 内门踢击到爆炸性连环直冲

1. 预备式

2. 右手拳法

   a. 从预备式出击

   b. 放松状态出击

   c. 学习无规则的节奏

3. 从预备式出击的左手拳法

   a. 直拳

   b. 收下巴，转移

   c. 右侧迅速收回成防御姿势，亦为一种战术

   d. 不要迟疑，快速

4. 灵活运用踢法（快速恢复预备式，移动中出击）

5. 勾拳

   a. 短促紧凑

   b. 放松加轴转

c. 保持相应的防御手

附加技术

1. 高位/低位（左和右）
2. 1–2 连击

组合技术

1. 胫踢到拍手和直拳
2. 标指到低位下阴踢到直拳
3. 后踢和标指
4. 佯踢到标指到爆炸性连环直冲

私教课程

1. 胫/膝截踢
2. 通用的右手出击技术（贴身距离）
3. 闪出对方攻击线，突然变速，反击之后快速收回
4. 后踢

1. 僵硬和柔软
2. 在众多选择中作何判断
3. 共性
4. 套路
5. 风格

分类技术训练

1. 一般技术

   a. 标指截击

   b. 胫踢截击

   c. 四角

2. 传统技术

3. 自卫术

李小龙的训练计划表

星期	时间	内容
星期一	10：45—12：00	前臂
	17：00—18：00	腹部
星期二	10：45—12：00	拳法练习
	13：30—14：30	耐力和敏捷性
	17：00—18：00	腹部
星期三	10：45—12：00	前臂
	13：30—14：30	耐力和敏捷性
	17：00—18：00	腹部
星期四	10：45—12：00	拳法
	17：00—18：00	腹部
星期五	10：45—12：00	前臂
	17：00—18：00	腹部
星期六	10：45—12：00	拳法
	12：00—14：30	耐力和敏捷性
	17：00—18：00	腹部
星期日	10：45—12：00	休息
	17：00—18：00	休息

日常训练

白天

1. 伸展和腿部拉伸

2. 握力

a. 握力器—5 组，每组 5 个

b. 捏握—5 组，每组 6 个

c. 抓握—5 组，每组尽可能多做几个

d. 手指上提—全部

3. 骑健身自行车—10 英里

4. 长凳上下踏步—3 组

5. 读书

6. 精神训练—角色想象，设计所有情境

7. 连续的握力练习

晚上

1. 手掌向上弯举

2. 手掌向下弯举

3. 腕部绕环

4. 反握弯举

5. 1/4 蹲—5 组，每组 5 个

6. 负重提踵—5 组，每组 5 个（或 3 组，每组 8 个）

拳

1. 勾拳

2. 左交叉拳

3. 标指

耐力

慢跑

柔韧性 / 敏捷性练习：脚

1. 踢

2. 旋踢

技术

1. 黐手

2. 搭档对练

手法

对打实战

腹部

星期一	星期二	星期三	星期四	星期五	星期六	星期日
9：00—9：30	9：00—9：30	9：00—9：30	9：00—9：30	9：00—9：30	9：00—9：30	9：00—9：30
练习	练习	练习	练习	练习	练习	练习
9：30—10：00	9：30—10：00	9：30—10：00	9：30—10：00	9：30—10：00	9：30—10：00	9：30—10：00
跑步	跑步	跑步	跑步	跑步	跑步	跑步
10：00—11：30早餐							
11：30手部功力训练—拳、手指和黐手							
12：30午餐							
16：00—17：30	16：00—17：30	16：00—17：30	16：00—17：30	16：00—17：30	16：00—17：30	16：00—17：30
手和肘	脚和膝	手和肘	脚和膝	手和肘	脚和膝	手和肘
或者	或者	或者	或者	或者	或者	或者
20：00—21：30	20：00—21：30	20：00—21：30	20：00—21：30	20：00—21：30	20：00—21：30	20：00—21：30

动物属性

1. 老虎—拥有猫科动物的伸缩优势，能躬身匍匐爬行，脖子能自由回

转盯视猎物，虎掌可伸缩

2. 猿——跳跃，闪避灵活

3. 鹤——能在空中轻灵飘动，单腿也能轻盈运动

4. 熊——无敌熊抱，肌肉等长性收缩劲力惊人

对打实战练习

1. 黏手式
2. 自由式

功夫实践

1. 拳法——直拳、勾拳、交叉拳和挂捶
2. 踢法——侧踢、直踢、勾踢、组合
3. 套路——三种套路

综合训练：李小龙的训练方法

1. 腹部和腰部（每天）
   a. 仰卧起坐
   b. 体侧屈
   c. 举腿
   d. 升旗动作
   e. 转腰
   f. 体后屈
2. 柔韧性训练（每天）

a. 正面伸展

b. 侧面伸展

c. 跨栏式伸展

d. 坐式伸展

e. 滑动式伸展

f. 滑轮正面伸展

g. 滑轮侧面伸展

3. 负重训练（星期二、星期四、星期六）

a. 挺举—2 组，每组 8 个

b. 深蹲—2 组，每组 12 个

c. 上提—2 组，每组 8 个

d. 仰卧推举—2 组，每组 6 个

e. 体前屈—2 组，每组 8 个

f. 弯举—2 组，每组 8 个

或者

a. 挺举—4 组，每组 6 个

b. 深蹲—4 组，每组 6 个

c. 体前屈—4 组，每组 6 个

d. 仰卧推举—4 组，每组 5 个

e. 弯举—4 组，每组 6 个

4. 踢法训练（星期二、星期四、星期六）

a. 侧踢—右和左

b. 勾踢—右和左

c. 旋踢—右和左

d. 后脚前踹—右和左

e. 脚跟踢—右和左

5. 拳法训练（星期一、星期三、星期五）

a. 刺拳—速度沙袋、泡沫靶、高低沙袋

b. 交叉拳—泡沫靶、重沙袋，高低沙袋

c. 勾拳—重沙袋、泡沫靶、高低沙袋

d. 抬手过肩交叉拳—泡沫靶、重沙袋

e. 组合—重沙袋、高低沙袋、速度沙袋

f. 平台式速度沙袋

g. 高低沙袋

6. 耐力练习（固定式健身自行车）

a. 跑步（星期一、星期三、星期五）

b. 骑健身单车（星期二、星期四、星期六）

c. 跳绳（星期二、星期四、星期六）

李小龙健身日程分解

星期一至星期六（腹部和柔韧性练习）

1. 仰卧伸腿
2. 仰卧起坐
3. 侧面伸腿
4. 举腿
5. 体侧屈
6. 跨栏式伸展
7. 升旗动作
8. 坐姿伸展
9. 转腰
10. 劈叉伸展
11. 体后屈
12. 高踢

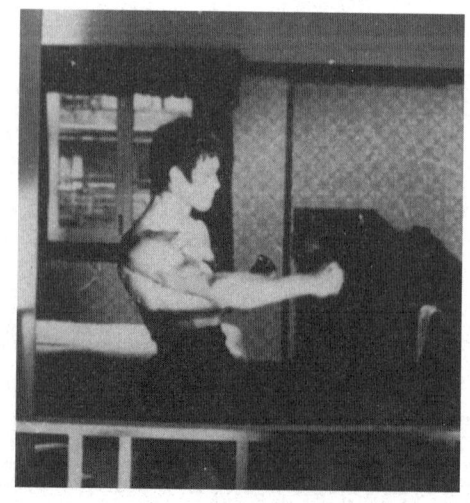

星期一、星期三、星期五（手法技术）

豆袋

1. 右刺拳
2. 右刺拳—泡沫靶
3. 左交叉拳
4. 右勾拳
    - a. 紧凑
    - b. 放松
    - c. 向上
5. 抬手过肩左手拳
6. 组合

高低沙袋

1. 右刺拳
2. 左手交叉拳
3. 右勾拳
4. 左手过肩拳
5. 组合
6. 平台式速度沙袋—逐渐减速

星期二、星期四、星期六（腿法技术）

1. 右侧滑轮伸展
2. 右侧踢
3. 右侧滑轮伸展
4. 左侧踢
5. 左侧滑轮伸展
6. 右前脚勾踢

7. 左反身勾踢

8. 右脚后跟踢

9. 左转身后踢

10. 左反身前踢

星期二、星期四、星期六（负重训练）

1. 挺举

2. 深蹲

3. 仰卧推举

4. 弯举

5. 体前屈

李小龙的个人训练进度表

星期	内容	时间
星期一	腹部和柔韧性	7:：00—9：00
	跑步	12：00
	手法	17：30—18：30 & 20：00—21：00
星期二	腹部和柔韧性	7：00—9：00
	负重	11：00—12：00
	腿法	17：30—18：30 & 20：00—21：00
星期三	腹部和柔韧性	7：00—9：00
	跑步	12：00
	手法	17：30—18：30 & 20：00—21：00
星期四	腹部和柔韧性	7：00—9：00
	负重	11：00—12：00
	腿法	17：30—18：30 & 20：00—21：00
星期五	腹部和柔韧性	7：00—9：00
	跑步	12：00
	手法	17：30—18：30 & 20：00—21：00
星期六	腹部和柔韧性	7：00—9：00
	负重	11：00—12：00
	腿法	17：30—18：30 & 20：00—21：00

把握每天中每一个训练机会

1. 无论去哪，尽量走路，或者在离目的地还有一段距离的地方停车。

2. 尽量少乘电梯，多爬楼梯。

3. 无论是站着、坐着还是躺着，可以想象某个对手正要或正在对你发动攻击，而你采取各种针对性的技术进行反击（精简的动作是最好的选择），以此培养宁静的觉性和念动战术思维能力。

4. 穿衣服或鞋的时候，尝试单腿站立以练习平衡。其实在任何时候都可以进行单腿平衡练习，只要你想。

以上做法我每天都坚持。每周一、周三和周五练习手法技术，周二、周四和周六则练习腿法技术。

李小龙为其弟子制定的训练日程

在过去的数年时间里,一个比较流行的误解,就是认为李小龙曾经为他的每一个弟子都制定了唯一的、各不相同的训练方案。但事实上,这样

做不仅非常耗时（对于日程繁忙的李小龙来说基本上是不可能的），同时也没有必要。根据李小龙的科学实践及对人体生理学的研究表明，人类共有同样的生理构造，因此，我们对任何相同训练产生的生理效应其实都是相似的。

李小龙的私人武学笔记也可以澄清人们对此方面的误解。有时候，他会一次性列出三位或者更多弟子的姓名，然后在同一页给这些弟子们写下完全相同的训练计划，以指导他们进行劲力、速度、柔韧性、健身训练以及强化前臂力量等。为什么？因为他认为要对对手强劲一击做出最快的反应，任何人都必须拥有更强壮的前臂、更好的柔韧性、更快的速度和更强劲的力量等，这点放之四海而皆准，同样也适用于他自己及其弟子。

无论是NBA超级巨星卡里姆·阿卜杜拉·贾巴尔、世界搏击冠军乔·刘易斯，还是李小龙的弟子李恺、皮特·雅各布（Pete Jacobs）、鲍勃·布雷默、杰瑞·波蒂特（Jerry Poteet）或史蒂文·戈尔登（Steve Golden），李小龙给他们安排主要的截拳道课程及其相应辅助训练课程，几乎都是一样的。

然而，李小龙同时会对每一位学生或弟子进行单独的观察和分析，在判断他们最需要改进部分的基础上，分别为其制定合适的辅助训练方案，他针对每一位学生或弟子的不足之处所安排的辅助训练方案，来源都是相同的，都来自于李小龙为自己设置并遵循的相应辅助训练计划。

踢拳日常训练计划

1. 越野跑

慢跑（1分钟）—冲刺（坚持）—步行（1分钟），如此反复训练，并尽可能多做几组。

2. 技能适应性训练

a. 假想踢拳—3分钟（其中休息1分钟）（注：放松，采取尽可能精

简的形式）

  b. 假想踢拳—3 分钟（其中休息 1 分钟）（注：努力训练—加大强度—注重速度 / 力量）

  c. 跳绳—5 分钟（其中休息 1.5 分钟）（注：尝试运用所有的步法）

  d. 重沙袋—3 分钟（其中休息 1 分钟）（注：单一拳法练习加组合拳法练习）

  e. 重沙袋—3 分钟（其中休息 1 分钟）（注：单一踢法练习加组合踢法练习）

  f. 轻沙袋—3 分钟（注：个人拳法练习加适应性练习）

  g. 假想踢拳—2 分钟（注：放松）

柔韧性的辅助练习

  1. 体前屈

  2. 跨步式伸展

  3. 高踢

  4. 侧举腿

  5. 肘触

  6. 转腰

  7. 椅上交替劈叉

  8. 坐姿屈体

  9. 腿部伸展—正面伸展，侧面伸展

  10. 拱桥式伸展

  1. 高踢和后侧伸展

  2. 侧举腿

  3. 体前屈

  4. 肘触

Training Program For Dan Inosanto

Group A
(everyday)

Everyday before getting out of bed do :—
1) full body stretch --- 5 times, maintaining stretch 3 sec. rest 2 sec.
2) arch back --- five times
3) leg tensing --- 12 times, 3 sec. tensing, 2 sec. rest
4) abdominal tensing --- 10 times, 3 sec. tensing, 2 sec. rest
5) sit up touch toes --- five times
6) bent leg raises --- five times

Group B
(M.W.F.)

Isometric Power Training (to build up basic requirements)
1) low pull
2) middle pull
3) high pull
4) chin level press
5) middle press
6) curl
7) reverse curl
8) chest squeeze
9) abdominal tensing
10) middle squat

Group C
(T.Th.S.)

Isometric functional power training (for more forceful application)
1) upward/outward
2) punch penetration --- low, middle, high
3) straight kick --- low, middle, high
4) side kick --- low, middle, high

Group D
(M.W.F.)

Kicking & Punching (for more explosiveness)

A) Kicking --- flexibility training
1) front leg stretching --- 3 sets of 12
2) side leg stretch --- 3 sets of 12
3) high front kicking --- 3 sets of 12
4) side leg raising --- ~~3 sets of 12~~ 4 sets of 12

B) _____ power training
1) front kick thrust --- 3 sets of 12
2) side snap kick --- 3 sets of 12
3) front toe kick --- 3 sets of 12
4) ~~Roundhouse~~ Kick ... 2 sets of 12

C) Punching

hanging paper
1) facing --- 4 sets of 20
2) right stance --- ~~3~~ 2 sets of 20
3) entering right punch --- ~~3~~ 2 sets of 20
4) left hand strike --- 3 sets of 20
5) bag punching
6) Right + left punching - 2 sets of 20
   (RIGHT STANCE) + LEFT STANCE

Group E
(T.Th.S.)

Abdominal Exercises
1) waist twisting --- 4 sets of 100
2) sit up twist --- 4 sets of 15
3) leg raises --- 4 sets of 15

5. 转腰

6. 椅上交替劈叉

7. 腿部伸展（正面，侧面）

8. 坐姿屈体

9. 跨步式伸展

基本的综合性力量训练

1. 锁定位置推举
2. 起始位置推举
3. 足跟上抬举
4. 上拉
5. 深蹲（马步）推举
6. 耸肩
7. 硬拉
8. 1/4 蹲姿推举

1. 静力锻炼

   a. 锁定位置推举

   b. 起始位置推举

   c. 足跟上抬推举

   d. 上拉

   e. 深蹲（马步）推举

   f. 耸肩

   g. 硬拉

   h. 1/4 蹲姿推举

2. 负重深蹲

深呼吸 3 次——尽可能多地将空气吸入肺部。第 3 次时屏住呼吸并下

蹲。用力并尽可能快地站起来。当你快站直的时候，用力呼气。运用较重的配重量，重复 12~20 次。

拳法

1. 直拳—3 种范围
2. 屈臂拳—3 种范围

踢法

1. 直踢—3 种范围
2. 勾踢—3 种范围
3. 侧踢—3 种范围

健身训练日程

序列 1	序列 2
a. 深蹲	a. 颈后臂屈伸
b. 仰卧推举	b. 划船动作
c. 上提	c. 颈部
d. 硬拉	d. 直立上拉
e. 双臂弯举	e. 体侧屈

前臂 / 握力训练

做下列练习的时候，要保证能够很好地抓住杠铃杆，屈伸自如。若想取得更好的效果，可以在杆上缠绕一些东西使其变厚。记住，认真训练，不要偷懒——使用你自己能够承受的重量，不要和他人比较。

1. 反握弯举—3 组，每组 10 个
2. 正握弯举（杠铃或哑铃）—3 组，每组 10 个

3. 反握弯举（杠铃或哑铃）—3 组，每组 10 个

4. 腕力轴—3 组，每组上下都要翻转，尽可能多做

5. 单头哑铃转腕—3 组，每组 10 个

1. 反握弯举
2. 屈肌弯举
3. 伸肌弯举
4. 腕力轴
5. 单头哑铃转腕

1. 反握弯举—3 组，每组 10 个
2. 正握弯举—3 组，每组 10 个
3. 反握弯举—3 组，每组 10 个
4. 腕力轴—3 组，每组下都要翻转，尽可能多做
5. 单头哑铃转腕—3 组，每组 8 个

"唤醒身体"的日常程序

每天在起床之前可以这样做：

1. 全身伸展—5 次，每次伸展坚持 3 秒钟，休息 2 秒钟
2. 拱背—5 次
3. 绷紧腿部—12 次，每次绷紧坚持 3 秒钟，休息 2 秒钟
4. 绷紧腹部—10 次，每次绷紧 3 秒钟，休息 2 秒钟
5. 仰卧起坐，触摸到脚趾头—5 次
6. 举腿（弯曲状态）—5 次

静力性劲力训练（增进基本需求）

星期一、星期三、星期五

1. 低位牵拉
2. 中位牵拉
3. 高位牵拉
4. 下巴位推举
5. 中位推举
6. 弯举
7. 反握弯举
8. 胸部挤压
9. 绷紧腹部
10. 半深蹲

静力性劲力功能训练（为了更强有力地应用）

星期二、星期四、星期六

1. 向上／向外
2. 穿透性拳击—低位、中位、高位
3. 直踢—低位、中位、高位
4. 侧踢—低位、中位、高位

踢法和拳法训练（为了使出击更具爆炸性）

星期一、星期三、星期五

踢法—柔韧性训练

1. 正面腿伸展—3组，每组12个

李小龙为其弟子制定的训练日程　301

2. 侧面腿伸展—3 组，每组 12 个

3. 高位前踢—3 组，每组 12 个

4. 侧面举腿—4 组，每组 12 个

劲力训练

1. 前踹踢—3 组，每组 12 个

2. 侧面猛踢—3 组，每组 12 个

3. 前足尖踢—3 组，每组 12 个

4. 勾踢—2 组，每组 12 个

拳法练习

1. 面对面—4 组，每组 20 个

2. 右预备式—3 组，每组 20 个

3. 进入右手拳击—3 组，每组 20 个

4. 沙包拳法练习—3 组，每组 20 个

5. 右手和左手拳法—2 组，每组 20 个

（右预备式和左预备式分别进行练习）

星期二、星期四、星期六

腹部练习

1. 转腰——4 组，每组 100 个

2. 仰卧起坐扭转——4 组，每组 15 个

3. 举腿——4 组，每组 15 个

附录 A. 关于李小龙的统计数据

身高：5.75 英尺

体重：135 磅（注：他在拍摄《龙争虎斗》期间，体重下降至 125 磅。）

腰围：最高的时候 30 英寸，最低的时候 26 英寸

尺寸[①]

身体部位

胸部（之前）：放松时 39 英寸；扩展时 41.5 英寸

胸部（之后）：放松时 43 英

[①] 该数据采集自 1965 年，当时李小龙体重为 140 磅。——编者注

寸；扩展时 44.25 英寸

脖子（之前）：15.25 英寸

脖子（之后）：15.5 英寸

左肱二头肌（之前）：13 英寸

左肱二头肌（之后）：13.75 英寸

右肱二头肌（之前）：13.5 英寸

右肱二头肌（之后）：14.25 英寸

左前臂（之前）：11 英寸

左前臂（之后）：11.75 英寸

右前臂（之前）：11.75 英寸

右前臂（之后）：12.25 英寸

左手手腕（之前）：6.25 英寸

左手手腕（之后）：6.75 英寸

右手手腕（之前）：6.5 英寸

右手手腕（之后）：6.875 英寸

左大腿（之前）：21 英寸

左大腿（之后）：22.5 英寸

右大腿（之前）：21.25 英寸

右大腿（之后）：22.5 英寸

左小腿（之前）：12.25 英寸

左小腿（之后）：12.875 英寸

右小腿（之前）：12.5 英寸

右小腿（之后）：13 英寸

在拍摄《龙争虎斗》期间，李小龙的体重明显下降，他的胸部尺寸减小至 33.5 英寸（放松时）和 38 英寸（扩展时），体重降至 125 磅，腰围只有 26 英寸。

附录 B. 李小龙的"肌肉训练器":马西牌循环训练器的回归

　　李小龙一直坚持使用他的马西牌循环训练器,直到 1973 年 7 月 20 日逝世。李小龙逝世后,遗孀琳达·李·卡德维尔发现,如果将这台机器从

香港运回加利福尼亚的话,不仅非常困难、昂贵,而且也没必要,于是她将这台训练器捐赠给了李小龙以前在九龙就读的中学——喇沙学院。这样,直至 1995 年,李小龙的马西牌循环训练器都被保存在喇沙学院。

当为写作本书而进行调研的时候,我跟喇沙学院取得了联系,希望他们能够将琳达可能同时捐赠给他们的李小龙为使用这台训练器而制定的训练计划和我分享一下,或者,我希望他们至少能够将这台机器拍张照片供我在本书中使用。1995 年 5 月 1 日,喇沙学院的柏德烈·唐纳修士(Brother Patrick)回复道:"您所说的李小龙的训练材料,我们恐怕没办法给您提供太多帮助,但是训练器确实是在我们中学,不过由于几年前学校需要翻修重建,我们不得不将那台机器进行了拆卸以腾出空间。所有拆卸下来的零件都保存在我们学校的一个仓库里面……如果您需要更多帮助的话,随时给我传真或者电话。"

柏德烈·唐纳修士回复的最后,似乎是在邀请我给他传真,而且听说这件对于李小龙具有重大意义的器材竟然被拆卸且置于仓库长达数年,我的心里很不是滋味。我给修士写了回信,告诉他,当我听说李小龙的训练设备被拆卸的时候,感觉非常遗憾和难过。"如果您打算将其组装起来的话,"我在信中还写道,"可不可以给它照张相呢?或者如果您想把它卖掉,以便为贵校其他的库存设备腾出更多空间的话,请记得告诉我,我会非常乐意购买它的。"

然后我生命中最美妙的时刻就此到来了。有一天晚上,我回到家,看到了修士回复的传真:"我尽了最大的努力,都没有办法找到任何一张关于李小龙的照片或者图片……而且既然李小龙的这个训练器材已经被拆掉了,

附录 B. 李小龙的"肌肉训练器":马西牌循环训练器的回归

我们随时欢迎你来将其拿走,也无需你支付任何费用。事实上,看到它在仓库里沾满灰尘我也觉得心生遗憾。如果我可以给你更多帮助的话,请告诉我。"

他的回复让我惊讶,同时也很兴奋。我立刻给琳达·李·卡德维尔致电

告诉她这个消息,经过这漫长的 22 年,李小龙的训练器材终于要回家了!我相信琳达听到这个消息也会同样兴奋。同时,我觉得自己有义务让她知道,虽然喇沙学院答应将这台机器给我,但我始终认为它真正的主人是李小龙,尽管琳达已经在 1973 年将它捐出去。如果她想把这台机器拿回去的话,我依然有义务还回原本属于她的东西。

琳达也对这个消息很感兴趣。她只问了我一个问题:"约翰,你准备将它出售吗?""不,"我非常真诚地回复道,"我只想将其重组,用它进行训练,然后再将其传给我的后代。"我的回答看起来很令她满意。"这样的话,那就由你保管它吧!"琳达说。我简直欣喜若狂。

那时候,我并不知道这台机器的损耗情况(甚至有可能它已经完全损坏了),也不知道要修复这些损耗需要多大的工作量。除此之外,还有一个更为关键的问题——我得找到为这个"免费赠予"的机器支付邮费的办法。就像大多数作家所说,除非你的名字正好叫作约翰·格里沙姆(John Grisham),否则你写作赚的钱根本不值一提,我确实没有多余的闲钱来做这个事情。

邂逅黄锦铭

这样两难的境地，困扰了我好几个星期。正在这时，有一天晚上，我接到了我姐姐简·洛夫斯特（Jane Loftus）的电话，她告诉我父亲去世了，享年85岁，他的去世完全不在我们的预料之中，我们都惊呆了。我回到加拿大参加了我父亲的葬礼，在我不在家的日子里，黄锦铭正好造访了我家，他从我的妻子那里获知我的父亲逝世的消息，并且询问了我大概返家的时间。于是，当我刚回到家不久，就接到了他的电话。黄锦铭可以说是我见过的最真诚友善的一个人，与他的对话总是让我觉得轻松而愉快。（同时我发现，这也几乎是所有跟李小龙关系非常密切的人的一个共同特征，比如木村武之、赫布·杰克逊、丹·伊鲁山度、李恺和黄锦铭，都具有正直而诚实的高贵品质。）这天晚上，黄锦铭的声音听起来要比平常严肃很多："约翰，很抱歉获知关于你父亲的消息，"他说，"我知道你的孩子也将出世（我的第三个小孩，布兰登），还要忙着做其他事情，可以感受到你承受着多么大的经济压力。"他说得不错，我当时的状况简直就是"煎熬"，同时，我告诉他自己很感激他的理解，也请他不必担心。"如果可以，我想登门拜访，如果你不介意的话。"他说。

我当然不介意，刚刚处理完父亲的丧事，我非常渴望能够通过与其他人的对话转移失去父亲的痛苦。让我没有意料到的是，黄锦铭那天晚上的造访，还有着其他特殊的目的。他递给我一张支票，并且坚持让我收下："我相信李小龙也非常希望你能够保存那台训练器，"他的语气充满了真诚，"记得我跟李小龙在一起的时候，他也曾经遭遇经济上的困难，那时候，我多想助他一臂之力啊，可是却无能为力，现在我有一点点能力来帮助你，同时也是在帮助李小龙了。我相信他肯定也很希望这台训练器能够重组并受到保护。不要顾虑还钱的问题，这是我自愿的。能够看到李小龙的马西牌训练器回家，是最令我高兴的事了。"

无论是当时还是现在，我都不知道该说什么。我以前从来没有感受过这般的友好与慷慨。那天晚上，我对黄锦铭有了更多的理解，亦对李小龙的择友标准有了更多的理解。我接受了他的支票，因为我也非常希望那台训练器能够尽快回家，同时也是出于对他的尊敬，因为我知道这是黄锦铭非常看重的东西。

李小龙的循环训练器的回归

几个星期之后，1995年8月15日晚，远洋航班海风号（Seabreeze）抵达旧金山港口。23年前，一艘货船曾经载着装有训练器的货箱横穿太平洋，如今沿着同样的路线又回来了。在我与美国海关进行结算之后，海关告诉我，我的货箱将于1995年9月13日晚到家。我立马给黄锦铭打了电话，告诉他这个事情。然后黄锦铭又告诉了赫布·杰克逊（当这台训练器第一次横穿太平洋抵达香港的时候，正是黄锦铭和赫布·杰克逊两个人帮助李小龙一起将它运到家中的）。9月13日晚10点，他们俩站在我家的车道上满心期待着它的回归。

当大型的运货车最终抵达，打开车门的时候，我们几个都踊跃地凑上去帮忙卸货。我们充满了疑惑：它现在会是什么样子？还会有用吗？会不会已经锈到不行了？赫布和黄锦铭开始专心致志地移开那些松木和夹板箱。赫布已经有72岁高龄了，但那天晚上一直跟我们一起奋战，用锤子将集装箱上的钉子取下来，剥开那些塑料保护封皮。

当箱盖最终打开的时候，我们都迫不及待地凑上来，终于看到了那些曾经被组装用来塑造20世纪最令人印象深刻的形体，而如今已被肢解的所有元件。确实，有些已经严重受损，有些元件上的铬和油漆甚至都已经掉

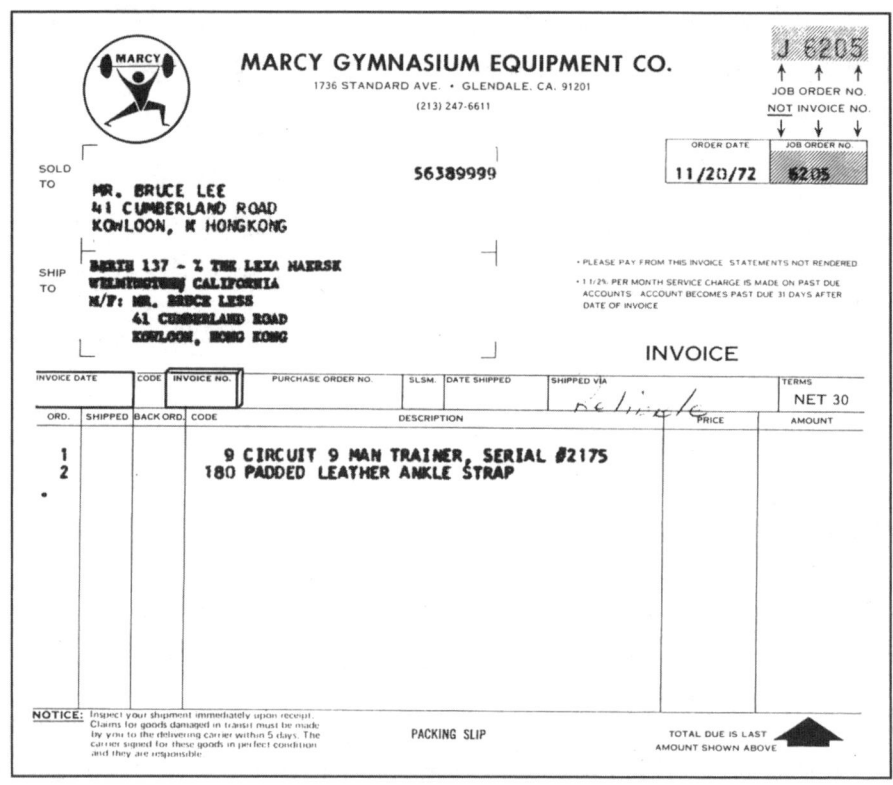

下来了。但不管怎样,这就是那台训练器没错了。我曾经在纪录片《李小龙的生与死》(*Bruce Lee: The Man/The Legend*),以及 1978 年为纪念李小龙最后一部电影《死亡的游戏》摄制的日本电视专题片中(从喇沙学院中租借)看到过这台训练器,于是,我就凭着那些记忆简单检查了一下所有我能够识别的元件。

有一个滑轮的控制把手(鲍勃·沃尔曾经告诉我),李小龙在为《龙争虎斗》进行训练的时候,对这个把手的使用着了魔;还有一个可分解的用于抬膝的单元,其中一部分可以在《李小龙的生与死》中看到;还有一个拉力练习的结构,李小龙通过这个结构的锻炼,发展了他强大的背阔肌,塑造了那无人能敌的"V"字完美形体。尤为重要的是,这个拉力练习结构上面还粘贴着一个厂家的标志,写着"Marcy Circuit Trainer, Model CT-9-M"以及它的序列号"2175"。这些都证明了眼前这台训练器,就是李小龙的那台。马西牌循环训练器。李小龙的"肌肉训练器",历经 22 年的时光之后,终于回家了。

附言

在黄锦铭和赫布·杰克逊的帮助下,我们成功重组了李小龙的训练器械。虽然随着时间的流逝,这个训练设备已经不复原貌,同时,肩部推举的位置也遗失了 140 磅的标重。除此之外(当然还有锈!),这台机器依然很完美。赫布和我花了很长时间来去除锈迹和脱落的油漆(李小龙使用的时候并没有脱落),重新上色,并且润滑滑轮。

有时候我看着马西牌循环训练器,不禁会想象当年李小龙坐在九龙塘的家中看着它会是什么样的感觉。当他在嘉禾公司完成一天的工作,筋疲力尽地回到家中,我觉得他应该不会匆匆走过背部练习杆,胡乱抓起它,

坐下，然后随便做十几下。如果这样能够减轻白天的压力的话。

当最终完成重组，我能感觉到黄锦铭师傅因为自己是第一个参与完成这件事情的人，而流露出的无比自豪的神情。自那以后，我能够好好利用这台训练器，也由此发展了一些有效锻炼方式。我最真挚的期望，就是有一天当健身教练羡慕地问我儿子或女儿，为什么他们能够如此健康的时候，他们会自豪地回答："因为我们用的可是李小龙的马西牌循环训练器！"

参考文献

在编辑本书的过程中,非常幸运能与在李小龙人生中有过密切交集的人们一起合作,共同讨论他的健身锻炼方式。特别要感谢的是琳达,她提供了李小龙伟大成就中有关身体锻炼文化、发展、营养理论方面的资料,以及相关的亲笔手写材料。我有特别注意整理这些资料中李小龙的旁注,浏览他划线或高亮的内容,通过这些,我对他的理念、哲思以及整体健康与健身方法有了更深入的理解。我把自己在整理资料中借鉴最多的部分列在下面,读者若有强烈兴趣,想要进一步追求对李小龙健身方法的研究,可以自行取用这些已公开出版的资料。

采访

Kareem Abdul-Jabbar
Jon T. Benn
Sharon Bruneau
Richard Bustillo
Linda Lee Cadwell
Lou Ferrigno
Leo Fong
Jesse Glover
Larry Hartsell
Dan Inosanto

Taky Kimura
Gene LeBell
George Lee
Joe Lewis
Andre Morgan
Lenda Murray
Hayward Nishioka
Jhoon Rhee
Bob Wall
Van Williams

Herb Jackson
Wally Jay
Allen Joe
Ted Wong
Bolo Yeung

印制材料（李小龙未公开的文章、笔记、手稿或书信①）

- Annotations of "Longstreet" screenplay, June 22, 1971
- [Chinatown jeet kune do class schedule], n.d. (Dan Inosando Papers)
- "Commentaries on the Martial Way", vols. 1 and 7
- "General Development," notes, ca. 1968
- "General Notes on Martial Way," n.d.
- "Heavy Bag Drills," paper written for Los Angeles Jeet Kune Do School, n.d.
- "Isometric," n.d.
- "Jun Fan Calisthenics Program," October 10, 1971
- "Jun Fan Gung Fu Institute Fitness Program," notes, ca. 1967
- "The Jun Fan Method," notes, n.d.
- "Kicking," notes, ca. 1970
- Letters to George Lee, December 19, 1965, and June 25, 1966 (George Lee Collection)
- Letter to James Lee, August 6, 1965
- Letters to Linda Lee, ca. 1973, and June 16, 1967
- Letter to Mito Uyehara, August 11, 1972
- "Non-Classical Sets of Jeet Kune Do (Chinese Boxing)," n.d.
- "Private Lesson," ca. 1967
- [training fundamentals], notes, n.d.

---

① 除特别标注，剩余所有未公开材料均归属于李小龙档案馆和李小龙图书馆。——编者注

- training programs:

    "The Basic Fitness Program," notes, n.d.

    from choreography notes for *Enter the Dragon*], 1973

    "Every Day," notes, n.d. ; "Morning," notes, ca. 1970; "Every Night," notes, n.d. (Dan Inosanto Papers)

    "Flexibility," stretching routines, n.d.

    forearm development, maximizing (Daniel Lee Papers)

    forearm routines (personal), n.d.

    forearm program recommended to Daniel Lee, n.d. (Daniel Lee Papers)

    written for Larry Hartsell in preparation for first North American kick-boxing tournament, ca. 1968 (Larry Hartsell Papers).

    written for Dan Inosanto, ca. 1968. (Dan Inosanto Papers)

    written for Daniel Lee, ca. 1968. (Daniel Lee Papers)

    written for Daniel Lee, Pete Jacobs, Bob Brenner, and Jerry Poteet, n.d.

    "Morning," notes, ca. 1970

    Personal programs, various dates

    tensolator routine, October 10, 1971

    "Training Schedule," notes, ca. 1970

    "Weight Training," notes, ca. 1970

有关李小龙的书目（文章通过李小龙的注释获得，书目通过作者查询）

Barrs, John. Bodybuilding: The Official Training Textbook of the British Amateur Weight-Lifters Association. London: Vigour Press, (n.d.).

Bowerman, William J., and W. E. Harris, with James M. Shea. *Jogging*. New York: Grosset & Dunlap, 1967.

Bruce Lee Jeet Kune Do Club. *Reminiscence of Bruce Lee*. Hong Kong: Bruce

Jeet Kune Do Club, 1978.

Clouse, Robert. *Bruce Lee: The Biography*. Burbank, Calif.: Unique Publications, 1988.

-----. *The Making of* Enter the Dragon. Burbank, Calif.: Unique Publicaitons, 1987.

Cooper, Kenneth H. *The New Aerobics*. New York: Bantam, 1970.

Corrigan, Brian, and Alan R. Morton. *Get Fit the Champion's Way*. London: Souvenir Press, 1968.

Cureton, Thomas Kirk, Jr. *Physical Fitness and Dynamic Health*. New York: Dial Press, 1965.

Gironda, Vince. *The Vince Gironda Workout Bulletin*. (n.p., n.d.).

Glover, Jesse. *Bruce Lee: Between Wing Chun and Jeet Kune Do*. Self-published, 1976.

Hoffman, Bob. *Functional Isometric Contraction*. York, Pa: Bob Hoffman, 1964.

Hyams, Joe. *Zen in the Martial Arts*. New York: Bantam, 1979.

Inosanto, Dan. *A Guide to Martial Arts Training with Equipment*. Burbank, Calif.: Know Now, 1980.

Johnson, David G., and Oscar Heidenstam. *Modern Bodybuilding: A Complete Guide to the Promotion of Fitness Strength and Physique*. New York: Faber Popular Books, 1958.

Lee, Linda. Bruce Lee: *The Man Only I Knew*. New York: Warner Books, 1975.

Louis, Joe. *How to Box*. Philadelphia: David Mckay, 1948.

The Muscles of the Body and How to Develop Them. London: Athletic Publications, (n.d.).

Miller, William H. *How to Relax: Scientific Body Control*. New York: Smith & Durrell, 1945.

Mirkin, Gabe, and Marshall Hoffman. *The Sportsmedicine Book*. Boston: Little, Brown, 1978.

Morehouse, Laurence E., and Augustus T. Miller, Jr. *Physiology of Exercise*. St. Louis: C. V. Mosby, 1963.

Morehouse, Laurence E., and Philip J. Rasch. *The Scientific Basis of Athletic Training*. Philadelphia: W. B. Saunders, 1958.

Norris, Chuck, with Joe Hyams. *The Secret of Inner Strength: My Story*. New York: Charter Books, 1988.

Paschall, Harry B. *Muscular Arms and Shoulders*. Moortow---Leeds: John Valentine, 1953.

Peebler, J. R. *Controlled Exercise for Physical Fitness*. Springfield, I11.: Charles C. Thomas, 1962.

Pickens, Richard, ed. *The NFL Guide To Physical Fitness*. New York: Randon House, 1965.

Raye, Zelia. *Rational Limbering*. London: Imperial Society of Teachers of Dancing, 1929.

State, Oscar. *Weight Training for Athletics*. London: Amateur Athletic Association, (1955?).

Trevor, Chas. T. Training for Great Strength: An Introduction to the Science of Strength and Bodybuilding by Means of Progressive Weight-lifting. London: Mitre Press, (n.d.).

Uyehara, Mito. *Bruce Lee: The Incomparable Fighter*. Santa Clarita, Calif.: Ohara, 1988.

Van Huss, Wayne, et al. *Physical Activity in Modern Living*. Englewood Cliffs, N.J.: Prentice-Hill, 1960.

Wallis, Earl L. and Gene A. Logan. *Figure Improvement and Body Conditioning Through Exercise*. Englewood Cliffs, N.J.: Prentice-Hall, 1964.

Webster, David. *The Complete Physique Book*. London: Arlington Books, 1963.

Williams, Jesse Feiring, and Eugene White Nixon. *The Athlete in the Making*. Philadelphia: W. B. Saunders, 1932.

杂志、报纸及文章（对李小龙的采访）

- "Bruce Lee Talk Back," in January 1968 issue of *Black Belt*
- Taped telephone conversation with Daniel Lee, ca. 1971(Daniel Lee Collection)
- August 15, 1972, issue of *New Nation* (Singapore newspaper)
- Plane, Mike, "Super Star Bruce Lee: An Acclaimed Phenomenon," in August 1973 issue of *Fighting Stars* magazine
- Stom, Mitch, "Bruce Lee's Training Methods," in 1968 *Yearbook of Black Belt* magazine

"Abdominals, Part.2" *Florida Weight Man* (n.d., ca. 1967)

Anderson, Paul, "Squatting for Power," in *MD Magazine* (n.d.)

Berger, Richard A., "An Application of Research Findings to Weight Training." (publication unknow)

Corcoran, John, "One-on-One with Stirling Silliphant," in January 1993 issue of *Martial Arts* Legends

Inosanto, Dan, "Bruce Lee: The Little Dragon Remembered," in September 1985 issue of *Inside Kung Fu*

"Interviewing Bruce Lee: Bruce Lee Tells Us the Secrets of Combat," in *Bruce Lee and Jeet Kune Do* magazine, no. 10 (1977)

Todd, Terry, as told to John Grimek, "Mighty Mitts." (publication unknown), ca. 1966

Pearl, Bill, "Fabulous Forearms." (publication unknown), ca.1966

[Runnning habits article] in *The China Mail*, July 25, 1972

Vasilieff, Val, "Develping a Muscular Mid-section" (publication unknown) ca. 1968

Weider, Joe, "Some Championship Secrets on Chest Development," in *Muscle Builder* magazine, (n.d., ca. 1965)

已出版材料（器材）

- Gironda, Vince. "The Vince Gironda Workout Bulletin," n.d.
- "Grip, Wrist and Forearm Developer Instructions"
- Regulations of the Jun Fan Institiute, which were distributed to jeet kune do students.
- Suggested circuit training routine sent with Marcy Citcuit Trainer; excerpted from John E. Nulton, *Overload Circuit Training. Glendale*, Calif.: Marcy Gym Equipment, 1969.

出版后记

提及李小龙的形象，人们眼前总会一亮：耳边响起一声高亢激昂的大吼，随即一个矫健迅猛的身影闪进银幕之中，此人身上的肌肉匀称、协调且轮廓鲜明，挥出的拳劲力十足、虎啸风起，踢腿迈步干净利落、毫无拖沓。而这一切，都与李小龙科学、合理、适时改进的训练方案密不可分。

本书所收录的训练方案皆来自李小龙亲笔手稿，作者约翰·里特根据李小龙遗孀琳达提供的信札、笔记、日记和草稿，对其生前长达10年之久的训练计划进行整合，同时根据已知事实向跟随李小龙训练时间长久的人考究实际，让我们能够真正窥见，他用来修炼、塑造以及调整自己那令人难以置信的形体的确切的方法和手段。可不要认为自己无法做到同这位功夫宗师强度、节奏一致的训练计划，在李小龙看来，任何正常人的身体结构和生理机能本质上都是相同的，这些也都体现在他的武道艺术及个人训练理念中。撇开个体的差异性，重点在于，需要收集大量知识进行探索与学习，付出持之以恒的辛苦锻炼，不断记录自身变化并随之调整方案日程。

在国内外健身类型书籍方面，大多展现给读者的都是壮硕、大块头、充满视觉冲击力的肌肉形象，无论是单纯追求强健外表，还是以功能性训练为主，对普通读者来说练就出来的效果因人而异，全靠自觉摸索与点滴尝试；而本书的特色就是李小龙本人代表的形象，一米七的身高并不突出，但浑身肌肉精瘦、结实、不虚浮，且使人过目不忘，更契合国人的身体素质与形体——是的，李小龙自小体弱多病，为了追求身体健康才走上武术之路——也更具借鉴意义与参考价值。众所周知，李小龙是一名武术家和格斗家，他的肌肉不能有一块浪费，全然要为战斗动作而服务，支撑躯体和四肢进行有序、高效运转，因此训练强度可能要更严格。《李小龙健身法》

一书对于真正追求整体健身效果的人来说再合适不过：书中章节设置安排循序渐进，从基础力量训练开始，发展到整体循环健身，再对应地进行专项练习。后面章节完整、无保留地摘录李小龙的日常训练，为读者提供真实、完备的参考学习。

最后，以李小龙常提醒自己及其弟子的一句话与读者共勉："不要借力。"

服务热线：133-6631-2326　188-1142-1266
读者服务：reader@hinabook.com

后浪出版公司
2019 年 1 月